RUHRGEBIET
Reisen mit MARCO POLO Insider-Tipps

MARCO POLO TOP-HIGHLIGHTS

ZECHE ZOLLVEREIN ★ 1
Hier liegt noch Kohle in der Luft: Diese Kathedrale der Industriekultur in Essen ist Unesco-Weltkulturerbe.
📷 *Tipp: Mit Schwarz-Weiß-Fotos wirst du dem Ambiente gerecht.*

➤ S. 53, Die Mitte

GASOMETER ★ 2
Von Europas höchster „Ausstellungstonne" in Oberhausen hast du einen grandiosen Fernblick.

➤ S. 64, Die Mitte

HISTORISCHE ALTSTADT HATTINGEN ★ 3
Lass dich verzaubern von Hattingens Fachwerkidylle.
📷 *Tipp: Links, rechts Fachwerk, vor dir der schiefe Turm der St.-Georgs-Kirche: Topperspektiven findest du im Malerwinkel.*

➤ S. 86, Hagen & der Südosten

DEUTSCHES FUSSBALLMUSEUM ★ 4
„Rahn müsste schießen, Rahn schießt, Tooor ..." und alles Wissenswerte über die WM-Helden (Foto).

➤ S. 44, Die Mitte

HALDE HANIEL ★ 5
Bunte Totemskulpturen geben dem Amphitheater auf dem Haldengipfel in Bottrop einen mystischen Rahmen.
📷 *Tipp: Fotografier die rote Abendsonne, wie sie hinter den Totems in ein Meer aus Stadtlichtern taucht.*

➤ S. 68, Die Mitte

LWL-INDUSTRIEMUSEUM SCHIFFSHEBEWERK HENRICHENBURG 6

Eindrucksvolles Industriedenkmal: So edel wurden Schiffe von Kanal zu Kanal gehoben.

➤ S. 99, Hamm & der Norden

VILLA HÜGEL 7

Mehr Schloss als Villa: In Essen residierte die Industriellenfamilie Krupp alles andere als bescheiden.

📷 *Tipp: Der Riese und der Zwerg: Lass dich im Park unter dem nordamerikanischen Mammutbaum fotografieren.*

➤ S. 53, Die Mitte

LANDSCHAFTSPARK DUISBURG-NORD 8

Klettern, tauchen, Konzerte auf dem Areal des alten Hüttenwerks.

📷 *Tipp: Bann die allabendliche Lichtershow auf ein Bild.*

➤ S. 62, Die Mitte

TETRAEDER 9

Die begehbare Riesenskulptur in Bottrop ist eines der neueren Wahrzeichen des Reviers und bietet tolle Ausblicke.

📷 *Tipp: Bei klarer Sicht kannst du die Skyline von Essen, den Gasometer Oberhausen und die Arena auf Schalke einfangen.*

➤ S. 67, Die Mitte

KLOSTER KAMP 10

Die Geometrie barocker Gartenkunst im „Sanssouci des Niederrheins" in Kamp-Lintfort.

➤ S. 117, Der Westen

INHALT

Besuch planen
€-€€€ Preiskategorien
(*) Kostenpflichtige Telefonnummer
Essen/Trinken
Shoppen
Ausgehen

(A2) Herausnehmbare Faltkarte
(a2) Zusatzkarte auf der Faltkarte
(0) Außerhalb des Faltkartenausschnitts

BESSER PLANEN MEHR ERLEBEN!

Digitale Extras
go.marcopolo.de/app/ruh

MARCO POLO

DIGITALE EXTRAS

DIGITAL NOCH MEHR ERLEBEN

1. Website besuchen
2. Die digitale Welt von MARCO POLO entdecken
3. App runterladen und ab in den Urlaub

Alle Infos zum digitalen Angebot unter **marcopolo.de/app**

DAS BESTE ZUERST

Fun Fact zum Einstieg: Duisburg am Rhein besitzt mehr Brücken als Venedig

BEST OF

BEI REGEN

SCHÖN, AUCH WENN ES REGNET

EINFACH ABTAUCHEN UND ENTSPANNEN

Vergiss den Regen! Die Therme im Ruhrtal bietet mit Schwimm- und Saunalandschaft am Kemnader See Wasser in angenehmerer Form an: Das *Freizeitbad Heveney* macht bei jedem Wetter Spaß.

➤ S. 85, Hagen & der Südosten

DRAUSSEN NASS, DRINNEN SPASS

Neben dem Theater sind im Kulturort *Depot* in der ehemaligen Dortmunder Straßenbahnwerkstatt die verschiedenen Ateliers von Glaskunst bis Malerei empfehlenswert. Im Innenraum finden Ausstellungen statt, das Sweetsixteen-Kino bietet analogen Filmspaß.

➤ S. 48, Die Mitte

UNTEN IST'S TROCKEN

„Herzlich willkommen in der Erde", begrüßt das *LWL-Museum für Archäologie* seine Gäste. In der unterirdischen Grabungslandschaft begibst du dich auf das Abenteuer Altertumskunde – und kannst selbst zu Zollstock, Kelle und Pinsel greifen.

➤ S. 74, Die Mitte

KUNST GEGEN REGENFRUST

„Wandel durch Kultur, Kultur durch Wandel" war ein zentrales Anliegen des Museumsgründers Karl Ernst Osthaus. Und zum Wandel(n) lädt das Essener *Museum Folkwang* (Foto) ein: Die ineinander übergehenden Bereiche schaffen Transparenz, du kannst dich aber auch wunderbar in ihnen verlieren.

➤ S. 52, Die Mitte

ERST MAL DURCHATMEN

Ort zum Wohlfühlen: Das Höhlenklima in der *Kluterthöhle Ennepetal* streichelt Atemwege und Haut! Allein darfst du die Höhle zwar nicht erkunden, du kannst aber an den regelmäßig angebotenen Führungen teilnehmen.

➤ S. 82, Hagen & der Südosten

BEST OF
LOW-BUDGET

FÜR DEN KLEINEN GELDBEUTEL

BLUMENPRACHT ZUM NULLTARIF

1,5 m, 40 kg – Gardemaß für eine Rose? Genau, im *Botanischen Garten* (Foto) der Ruhr-Uni Bochum kannst du ganz umsonst Seerosen mit solchen Ausmaßen bestaunen. Und noch viel mehr: Tausende Arten aus aller Welt sind auf dem Areal heimisch geworden.

➤ S. 51, Die Mitte

1 x KULTUR GRATIS, BITTE

Der *Landschaftsverband Rheinland (lvr.de)* bietet in seinen Museen einen eintrittsfreien Tag im Monat an. Im *LVR-Archäologischen Park Xanten* beispielsweise ist der Besuch am 1. Montag kostenlos, im *Museum Eisenheim* in Oberhausen am 1. Freitag.

EINE BURG FÜR DEN BERGBAU

Wie eine mittelalterliche Trutzburg thront der Förderturm der *Zeche Hannover* in Bochum. Innen das Prachtstück: die Dampffördermaschine, Baujahr 1893. Wechselnde Ausstellungen – Eintritt frei.

➤ S. 49, Die Mitte

AUCH RUNDHERUM GIBTS VIEL ZU ENTDECKEN

Im Ruhrgebiet ist der Besuch der Zechen und Hüttenwerke ein Muss. Ohne Eintritt zu zahlen, kannst du die spannenden Gelände rund um diese Landmarken der Industriekultur erkunden, etwa im *Landschaftspark Duisburg-Nord* oder auf *Zeche Zollverein* in Essen.

➤ S. 62 und S. 53, Die Mitte

NETTER WILLKOMMENSGRUSS

Mit der *Welcome Card Ruhr* besuchst du viele Attraktionen kostenfrei oder vergünstigt und hast außerdem freie Fahrt mit dem ÖPNV. Die *LWL-Museumscard* gewährt freien Eintritt in Dauerausstellungen von 32 Museen und zwei Besucherzentren.

➤ S. 134, Gut zu wissen

BEST OF

MIT KINDERN

SPANNENDES FÜR GROSS & KLEIN

AHOI!

Im *Schiffshebewerk Henrichenburg* können sich Große und Kleine wie ein alter Seefahrer fühlen und durch die schöne Kanallandschaft schippern – mit etwas Glück sogar auf einem historischen Schiff.

➤ S. 99, Hamm & der Norden

AUF DU UND DU MIT SPONGEBOB

Die Parkparade ist immer der krönende Abschluss eines Besuchs im *Movie Park Germany* (Foto) in Bottrop. Vorher gehts in die Spongebob-Welt oder auf einen Flug mit dem Avatar Air Glider.

➤ S. 69, Die Mitte

DAS MEER IM REVIER

Tausende Unterwasserbewohner tummeln sich im *Sea Life* in Oberhausen in Aquarien. Highlights: die Fütterungen und die Fahrt mit dem Glasbodenboot über das tropische Ozeanbecken.

➤ S. 65, Die Mitte

MIT ALLEN SINNEN

Den Riechbaum erforschen oder erleben, was für verrückte Muster durch die Schwingungen eines Schlagzeugbeckens entstehen, kannst du im *Phänomania Erfahrungsfeld* in Essen.

➤ S. 54, Die Mitte

HANDWERKELN WIE VOR 200 JAHREN

Backt Brot, färbt Stoffe blau, stellt Papier her oder Seile – die interaktive Zeitreise im *LWL-Freilichtmuseum Hagen* werden du und die Kids so schnell nicht vergessen.

➤ S. 80, Hagen & der Südosten

MIT DUMBO AUF AUGENHÖHE

Die *Zoom Erlebniswelt* in Gelsenkirchen bietet mehr als 900 Tieren eine naturgetreue Heimat. Der Clou: Den Zoobewohnern kann man ohne störende sichtbare Barrieren einen Besuch abstatten.

➤ S. 72, Die Mitte

BEST OF

TYPISCH

DAS ERLEBST DU NUR HIER

BERGMANNSCHÖRE UND PYROSHOW
Hunderttausende sind eine Sommernacht lang bei der *Extra-Schicht* unterwegs für Konzerte, Tanz, Theater und die Entdeckung neuer Welten hinter ehemals verschlossenen Werkstoren.
➤ S. 135, Feste & Events

INDUSTRIEKULTUR MAL ANDERS
Tauchen im Gasometer, klettern im Bunker und abends zum Konzert in die alte Gebläsehalle: All das geht zum Beispiel im *Landschaftspark Duisburg-Nord.*
➤ S. 62, Die Mitte

GESCHICHTE ERWANDERN
Ein Pfad durch die Geschichte des Reviers: Der *Bergbauwanderweg Muttental* vermittelt dir echtes Bergbau-Feeling. Auf dem Weg triffst du auf Zeugen der vergangenen Industriezeit.
➤ S. 83, Hagen & der Südosten

ARBEITERSIEDLUNGEN
1846 entstanden auf dem großen Areal in Oberhausen die ersten Häuser für Hüttenarbeiter, 1897 war die *Siedlung Eisenheim* fertig. Ein Spaziergang durch diese und andere denkmalgeschützte Siedlungen beweist, wie lebendig sie geblieben sind.
➤ S. 65, Die Mitte

VON SCHWARZ ZU GRÜN
„Der Himmel über der Ruhr muss wieder blau werden" – mit diesem Slogan punktete Willy Brandt im Wahlkampf 1961. Das Umweltbewusstsein wuchs, Grüngürtel und Revierparks entstanden – heute beispielsweise zu sehen am *Gesundheitspark Nienhausen* mit Sport- und Wellnessbereich. Auch werden alte Industrieanlagen für die Erholung im Grünen umgenutzt: Zum Beispiel findest du auf dem Areal der ehemaligen Gelsenkirchener Zeche Nordstern den *Nordsternpark* (Foto).
➤ S. 72, 70, Die Mitte

SO TICKT DAS RUHR GEBIET

Vom Spielzeug abgeguckt: die Brücke Slinky Springs to Fame in Oberhausen

ENTDECKE DAS RUHRGEBIET

Das Kunst-U-Boot gehört zum Museum Küppersmühle im Duisburger Innenhafen

Mehr Abwechslung findest du zwischen Meer und Alpen selten. In kaum einer anderen Region liegen pulsierendes Leben und wunderschöne Naturorte so dicht beieinander. Stillgelegte Industrieschauplätze werden zur Kulisse für spektakuläre Kulturevents.

LIEBE AUF DEN ZWEITEN BLICK

Das Ruhrgebiet darf sich zu Recht als eine der dichtesten Kulturlandschaften Europas bezeichnen, es hält aber auch die überraschendsten Freizeit- und Naherholungsmöglichkeiten in der Industrielandschaft bereit. Theater in Bochums Jahrhunderthalle, Lichtkunst in der Lindenbrauerei in Unna oder Ausstellungen im Gasometer Oberhausen: Das Angebot im Pott gestaltet sich unglaublich vielfältig. Eine Auszeit bieten die vielen Naherholungsgebiete wie der Baldeneysee

vor 300 Mio. Jahren Das heutige Ruhrgebiet ist ein Urwald. Aus der durch Überflutung zusammengepressten Biomasse entsteht Kohle

1302 Erste Erwähnung des Kohlebergbaus an den Hängen des Ruhrtals

ab 1832 Tiefbauschächte entstehen nördlich der Ruhr

1850 Beginn der Massenproduktion von Roheisen. In der Gussstahlfabrik von Alfred Krupp werden Kanonen hergestellt

1958 Krise: Erdöl und Importkohle laufen der teuren Steinkohle den Rang ab

in Essen, der Kemnader See in Bochum oder der künstlich angelegte Dortmunder Phoenix-See. Viel Grün bekommt das Auge in den unzähligen Parks und Waldgebieten zu sehen – die Haard im Norden Recklinghausens ist das größte zusammenhängende Waldgebiet des Ruhrgebiets. Zudem bieten Halden, die Berge des Reviers, tolle Ein- und Ausblicke. Und was vielen nicht bewusst ist: Der schwerindustriell geprägte Kern des Reviers geht an seinen Rändern in eine reizvolle Landschaft über – im Norden ins Münsterland mit seinen Wasserschlössern und im Süden in die liebliche Hügellandschaft des Bergischen. Wer die Augen öffnet, entdeckt moderne Stadtlandschaften, in denen immer mehr Menschen mit den Widersprüchlichkeiten einer Region im Wandel weitaus unbelasteter und selbstverständlicher umgehen als gemeinhin abgebildet und deren enorme Vielfalt zu genießen wissen.

GRÜNE ZECHEN

Landschaft und Natur des Ruhrgebiets wurden Mitte des 19. Jhs. für das schwarze Gold geopfert. Der Ausverkauf des Landstrichs für Bergbau, Eisen und Stahl verwandelte die damalige Heide- und Bruchlandschaft unglaublich schnell, sehr gründlich und sehr nachhaltig. Die Industrialisierung setzte im mittleren Ruhrgebiet vergleichsweise spät ein, schließlich lag die hochwertige Kohle tief, nämlich mehr als 1000 m unter dem Erdboden. Die Abbautechnik dafür musste erst allmählich entwickelt werden. Mit all den technischen Neuerungen verliefen die

bis 1963
31 Großzechen schließen

1970er- bis 1990er-Jahre
Strukturwandel: Autohersteller, Logistikfirmen, Dienstleister siedeln sich an, Universitäten eröffnen

2010
Die Region beeindruckt als Kulturhauptstadt Europas

2018
Mit Schließung des Bergwerks Prosper Haniel in Bottrop ist der Steinkohleabbau im Ruhrgebiet Geschichte

bis 2021
Endlich ist die Emscher komplett abwasserfrei. Seit drei Jahrzehnten läuft die Renaturierung – und es geht noch ein paar Jahre weiter

Ausbeutung und Zerstörung der Landschaft entlang des einst lieblichen kleinen Flusses Emscher, in dem Anfang des 20. Jhs. noch geangelt werden konnte, brutal und rücksichtslos. Umso schöner zu sehen, dass sich die Natur langsam ihren Platz zurückerobert. An manchen Stellen ganz von selbst, an anderen verwandelte die Landesforstverwaltung industrielle Brachen zu lebendigen Naturräumen wie zum Beispiel rund um die Zeche Zollverein in Essen oder die Kokerei Hansa in Dortmund. Auch die Emscher ist inzwischen dank eines groß angelegten Renaturierungsprojekts zu neuem Leben erwacht.

FRISCHER WIND IN ALTE STÄTTEN

Die durch die ausschließliche Ausrichtung auf die Montanindustrie (Bergbau und Verhüttung) entstandenen wirtschaftlichen Monostrukturen haben das Revier genauso oft boomen wie in sich zusammenfallen lassen. Das schleichende Ende der Montanära begann ab den späten 1950er-Jahren. Die Arbeitskämpfe im Ruhrgebiet Ende der 1980er-Jahre konnten den endgültigen Niedergang von Kohle und Stahl nicht aufhalten: Die Konkurrenz billigerer Energieträger auf dem Weltmarkt war einfach zu groß. Mit dem Abriss von Zechen, der Verschrottung von Hochöfen und dem Sprengen von Schornsteinen verloren die Menschen einen Teil ihrer Identität. Doch der „Ruhri" ist zäh und baute sich nach und nach eine neue Identität auf. Das industrielle Erbe prägt die Region noch immer, heute aber als lebendiger Museums-, Veranstaltungs- und Kulturstandort. Die Route Industriekultur des Regionalverbands Ruhr (RVR) führt zu den wichtigsten Zeugen der 150-jährigen industriellen Vergangenheit des Reviers. Wer die ganze Fülle des Ruhrgebiets in einer Nacht erleben möchte, besucht die jährlich stattfindende „Extra-Schicht", ein gigantisches Kulturfestival an 50 Spielorten in über 20 Revierstädten.

BERGBAUROMANTIK UND PARKANLAGEN

Heute ist das Ruhrgebiet mit seinen gut 5 Mio. Einwohnern zu einer lebendigen Region der Gegensätze geworden: Überall begegnet man Vergangenheit und Zukunft, Geschichte und Gegenwart, oft sogar an ein und demselben Ort. Der Blick vom Dach des Oberhausener Gasometers fällt auf Altes und Neues: auf ein gigantisches Einkaufs- und Freizeitzentrum, das CentrO, und nach Norden hin auf die Parkanlagen der Landesgartenschau von 1999. Nur der alte Förderturm der Zeche Osterfeld erinnert daran, dass hier bis 1993 Kohle gefördert wurde. Dieser Blick spiegelt den ganzen Facettenreichtum des Ruhrgebiets wider: Ballungsgebiet und Bergbauromantik, abwechslungsreich und modern, ohne dabei aber seine Wurzeln zu vergessen. Das Gesicht des Reviers mag sich im Zug des Strukturwandels geändert haben, die Seele dieser Region ist geblieben – das Kabarettduo Missfits bringt es in einem seiner Lieder so auf den Punkt: „München und Hamburg sind dir völlig schnuppe. Lieber auffem Gasometer im Sturmesbrausen – und alles, watte siehst, is Oberhausen ..."

AUF EINEN BLICK

5,1 Mio.
Einwohner

Rheinland-Pfalz: 4,1 Mio.

1250
Sitze

Größter Kinosaal Deutschlands (Lichtburg Essen)

4.438 km²
Fläche

Mallorca: 3.604 km²

HÖCHSTE AUSSTELLUNGSHALLE EUROPAS:
117 m

GASOMETER OBERHAUSEN

TOP-EINKAUFSMEILE
10.778
Besucher pro Stunde

WESTENHELLWEG DORTMUND

GOLDENE MADONNA

Älteste Marienfigur der Welt (um 980, Essener Dom)

STARLIGHT EXPRESS

Das erfolgreichste Musical an einem Standort weltweit – seit 1988 in Bochum

KETTWIGER STRASSE

Größte Gourmetmeile Deutschlands (Essen)

BERÜHMTE PERSONEN
Frank Goosen (Autor)
Herbert Grönemeyer (Sänger)
Hape Kerkeling (Komiker)
Alfried Krupp (Industrieller)
Helmut Rahn (Fußballer)
Helge Schneider (Komiker)

DAS RUHRGEBIET VERSTEHEN

AUFBRUCHSTIMMUNG

Klar, ein bisschen hinkt die Gründerszene im Ruhrgebiet immer noch hinter Städten wie Berlin hinterher, aber es tut sich was. Da wären zum Beispiel die beiden Essener Start-upper Genia Lewitzki und Chuong Nguyen, die auf die geniale Idee kamen, WG-Partys sponsern zu lassen. Inzwischen ist daraus mit der *Campus Held GmbH* das größte Student-Influencer-Netzwerk entstanden. Oder die Dortmunder Gründer Laura und Norbert Rath von der Naturkosmetikmarke *Hej Organic,* deren Produkte inzwischen sogar in den Regalen von Douglas und dm stehen. Also aufgepasst, in nächster Zeit kann man mit mehr kreativen Pottköpfen rechnen!

WEGWEISEND

Die Emscher war einst Sinnbild für die Zerstörung der Landschaft durch Industrie. In den vor über 100 Jahren friedlich durch die Bruchlandschaft mäandernden kleinen Fluss wurde über zahlreiche Bäche das Abwasser der Industrie und der Bevölkerung geleitet. Anfang der 1990er setzte dann aber ein Umdenken ein. Der Plan: Naturnahe Gewässer sollen an immer mehr Stellen die Schmutzwasserkanäle ersetzen. So wurde die rund 80 km lange Emscher nach und nach von der Einleitungen ungeklärten Abwassers befreit – Ende 2021 konnte man stolz verkünden, dass die ehemalige Kloake des Ruhrgebiets wieder abwasserfrei ist. Das Renaturierungsprojekt geht aber weiter. Inzwischen findest du in der Emscher auch wieder Bachflohkrebse und Köcherfliegen – Indikatoren für eine gute Wasserqualität. Neue Wege entlang der Gewässer laden zum Radwandern ein und ermöglichen Blicke auf einst unzugängliche Zonen. Zudem ist hier im letzten Jahrzehnt ein ganz besonderes Kunstprojekt entstanden: Im Rahmen der drei Emscherkunst-Ausstellungen 2010, 2013 und 2016 erschufen verschiedene Künstler wie Tadashi Kawamata oder Rita McBride skulpturale Arbeiten zum Thema Strukturwandel des Ruhrgebiets, die sie an verschiedenen Orten der Emscherregion präsentierten. 2019 wurde aus diesem ursprünglich als Triennale angelegten Projekt ein dauerhafter Skulpturenweg: der *Emscherkunstweg.* *eglv.de, emscherkunstweg.de*

INSIDER-TIPP
Kunstpause am Fluss

PERSPEKTIVENWECHSEL

Landmarken wie Halden und Fördertürme stehen heute noch als Zeugen der Industriekultur im ganzen Ruhrgebiet verteilt und sind feste Orientierungspunkte in der dicht besiedelten Region. Viele Landmarken wurden mit Mitteln der modernen Kunst bearbeitet: der Skulptur, der Lichtplastik oder auch der Klanginstallation. Sie prägen das Gesicht des Reviers und machen es unverwechselbar.

Fördertürme ragen weiterhin in den Revierhimmel, darunter die berühmten und weithin sichtbaren Baudenkmäler der Zechen Zollverein, Zollern oder Hannover. Aber auch weniger bekannte Förderanlagen, an denen sichtlich der Zahn der Zeit genagt hat, kannst du entdecken. Das Doppelbock-Fördergerüst am Bergbau-Museum in Bochum kannst du auch besteigen. Erst 1973 wurde das 650 t schwere Monstrum nach Stilllegung der Schachtanlage Germania in Dortmund-Marten in Einzelteile zerlegt und in Bochum wieder aufgebaut.

Halden sind die unvermittelt aufragenden, manchmal noch schwarzen, meist aber schon grünen Berge. Hier wurde all das Gestein aufgetürmt, das bei der Kohleförderung mit ans Tageslicht kam. Nur teilweise nutzte man das Gestein zur Verfüllung von Flözen und Schächten. Heute ist der Kohleanteil wegen der guten Trennverfahren gering, früher aber hat sich so manche Halde mit viel Kohleanteil entzündet.

Wenn du einen umfassenden Überblick über die Sehenswürdigkeiten aus 150 Jahren Industriegeschichte bekommen möchtest, folg der *Route Industriekultur (route-industriekultur.ruhr)*. Sie verbindet auf einem 400 km langen Rundkurs die unterschiedlichsten Sehenswürdigkeiten. Die Route besteht aus einem Kernnetz von 27 Ankerpunkten, die deutlich markiert und mit Informationstafeln versehen sind. In diesem System findest du 31 Themenrouten, z. B. die *Route der Industrienatur,* die *Route der Landmar-*

Auf dem Abstellgleis: Die Natur hat das Gelände der Kokerei Hansa teilweise zurückerobert

Das „kleine" Revierderby: Der VfL Bochum ist zu Gast im Dortmunder Signal-Iduna-Park

kenkunst, die *Route der Großchemie und Energie* oder die *Route Gärten und Parkanlagen.* An den einzelnen Ankerpunkten ist immer etwas los – das Veranstaltungsprogramm kannst du beim Besucherzentrum bestellen. Es befindet sich „auf Zollverein" in Essen. Hier wird außerdem das Routensystem multimedial erklärt: *Besucherzentrum Ruhr | Gelsenkirchener Str. 181 | Tel. 0201 24 68 10*

FUSSBALL

Immer wieder samstags beginnt die große Fußballoper im Revier von Neuem. In Gelsenkirchen geht man „auf Schalke" in die Veltins-Arena, das Dortmunder Westfalenstadion ist der Signal-Iduna-Park geworden und in Bochum wurde aus dem Ruhr- das Vonovia-Ruhrstadion. Auch in den unteren Ligen spielen Traditionsvereine wie der MSV Duisburg, Rot-Weiß Essen oder Rot-Weiß Oberhausen. Allwöchentlich kehrt der Ausnahmezustand wieder: Hunderttausende pilgern in die Stadien, verstopfen Zufahrtsstraßen, Parkplätze, Kneipen, Bahnhöfe und Straßenbahnen; Fans schwenken Fahnen, wedeln mit den Schals des Heimatvereins. Fußball im Ruhrgebiet ist mehr als nur ein Sport: Fußball ist Leben und immer ein Top-Gesprächsthema. Fußballinteressierten Reviergästen sei ein Stadionbesuch empfohlen – neben dem sportlichen auch ein emotionales Erlebnis. Mit dem 2015 eröffneten DFB-Fußballmuseum *(dfb-fussballmuseum.de)* in Dortmund kam ein weiteres Highlight hinzu.

HEIMATGARTEN

Aus England kam die Idee, die Vorbild für die Errichtung vieler noch heute erhaltener Wohnsiedlungen war: In Werksnähe wurden diese dörflichen

Idyllen gebaut, der Weg zur Arbeit war kurz. Gerade in den Zeiten der großen Zuwanderung entstanden diese Reproduktionen von ländlichen Quartieren, in denen jede Bergarbeiterfamilie eine Art Reiheneigenheim bekam, mit eigenem Eingang, kleinem Stall für Nutztiere und einem Selbstversorgergarten. Es sind noch einige dieser schönen Siedlungen erhalten, dazu gehören die Siedlung Eisenheim in Oberhausen, die Siedlung Welheim in Bottrop und die Siedlung Teutoburgia in Herne.

ES GRÜNT SO GRÜN

Auch in der Farbe Grün strahlt das Ruhrgebiet schon längst wieder! Zwar musste mit der Industrialisierung die Landschaft dem Bergbau weichen, aber innerhalb der Städte wurden die alten Parks behütet. Neue Parks und Landschaften blühten dort auf, wo sich der Bergbau zurückzog und fast leere Flächen hinterließ. So entstanden Wälder und Gewässer, die zur Entdeckung einladen. Halden sind heute beliebte Ausflugs- und Aussichtspunkte, entlang des Rhein-Herne-Kanals und der Emscher gibt es inzwischen ein weites Radwegenetz.

FUNKENFLUG

Ein Bergwerk bzw. eine Zeche ist immer gut zu erkennen an dem Förderturm oder Fördergerüst über dem Schacht, aus dem die Kohle zutage gefördert wurde. Bei einem Hüttenwerk wird es schon komplizierter. Hier stehen meist einige Hochöfen nebeneinander, eingebunden in bis zu 90 m hohe Rohrkonstruktionen. Einen le-

KLISCHEE KISTE

WAT SIND DIE UNFREUNDLICH

Nein, die Ruhris sind nicht unfreundlich, sie sind direkt. Das mag für Zugereiste und Touristen manchmal etwas rau und ruppig klingen, aber sie meinen es nie persönlich. Hier krisse halt die Meinung direkt im Gesicht gesagt. Wer damit umgehen kann, bekommt das Du angeboten – mit gleichzeitiger Einladung zum Pilsken und nem kleenen Schnäpsken.

IN JOGGINGBUXE

Na gut, Vatti geht natürlich schon mal in ausgebeulter Buxe zum Büdchen, wenn er nur mal eben ein Bierchen holen will. Aber sonst zeigt sich der Ruhri vor allem in den Großstädten durchaus schick und modebewusst. Dafür sorgen auch hippe Labels mit Heimatcharakter wie *Grubenhelden*, *Ruhrverliebt* oder *Stahlkind*.

SCHWARZE WÄSCHE

„Es regnet, hol die Wäsche rein, sonst wird sie schwarz." Diesen Spruch kennen bestimmt noch einige Ältere im Ruhrgebiet. Ruß, Schwefelwasserstoff und Staub machten den Hausfrauen in den 1950er- und 1960er-Jahren das Leben schwer. Heute ist der Himmel über der Ruhr blau, die Luft klar und die Wäsche darf wieder sauber trocknen.

bendigen Eindruck von einer Hochofenanlage der Jahrhundertwende bekommst du zum Beispiel im Landschaftspark Duisburg-Nord. Im stillgelegten Thyssen-Hochofenwerk Duisburg-Meiderich (Führungen buchbar unter *tour-de-ruhr.de*) wurde einst Roheisen für die Stahlindustrie produziert; heute kannst du bildhaft den Produktionsvorgang von der Rohstofflieferung bis zur Abfuhr kennenlernen.
Wer schon einmal einen kleinen Einblick in die Produktion haben möchte: Mit Erzgemisch („Möller") und Koks wird der Hochofen von oben befüllt, aus Winderhitzern heiße Luft eingeblasen. Im unteren Teil des Ofens herrschen Temperaturen von 1700–2300 Grad, die dazu führen, dass im Inneren die Substanzen zu Roheisen verschmelzen. Nach Abstich des Ofens, etwa alle zweieinhalb Stunden, wird das flüssige Eisen in ein Rinnensystem geleitet, die Schlacke bleibt zurück und setzt sich ab. Der Weitertransport des Roheisens geschieht dann in sogenannten Torpedopfannenwagen. Die äußere Form dieser Spezialfahrzeuge erinnert an ein riesiges Geschütz, innen sind die Wagen feuerfest ausgemauert, um das heiße Ladegut nicht abkühlen zu lassen und ein Durchschmelzen des Behälters zu verhindern. Endstation des Roheisens ist das Stahlwerk, in dem durch die Zufuhr von Luft, durch das Oxidieren, Stahl entsteht.

DIE WURSTMACHER

„Kommste vonne Schicht, wat schönret gibt et nich, als wie Currywurst." Herbert Grönemeyer und alle Ruhrgebietler sind überzeugt: Die Currywurst kommt natürlich aus dem Pott. Dass die Berliner das etwas anders sehen, ist ihnen ziemlich wurscht. Der Klassiker heißt hier Schimanski-Teller: eine Currywurst mit Pommes Schranke oder auch Pommes rot-weiß. Im Ruhrgebiet wird die Wurst übrigens mit Darm serviert, die Hauptstadt brät gern darmlos.

DER STAHLBARON

Kein Konzern des Ruhrgebiets ist bekannter als Krupp. 1811 als Sieben-Mann-Betrieb in Essen gegründet, wurde aus diesen kleinsten Anfängen in der zweiten Hälfte des 19. Jhs. ein Weltunternehmen für Spezialstahl, das sich mit Walzen, Eisenbahnbedarf, Panzerplatten und vor allem dem Bau von Kanonen einen geradezu legendären Ruf erwarb. Dieser Mythos geriet im 20. Jh. immer mehr ins Wan-

In Holgers Erzbahnbude in Gelsenkirchen machst du ein Päusken wie ein echter Ruhri

ken, als Krupp für die Katastrophen der deutschen Geschichte mitverantwortlich gemacht wurde. Alfried Krupp, der Fünfte seiner Dynastie, verbrachte nach 1945 sechs Jahre in US-amerikanischer Haft, um der Firma anschließend fast wieder zu alter Bedeutung zu verhelfen. Mit seinem Tod 1967 endete die Tradition der Alleininhaber. Etwa zur gleichen Zeit begann für die stolzen Stahlkonzerne an der Ruhr die Dauerkrise; ab diesem Zeitpunkt setzten erste intensive Maßnahmen zum Strukturwandel ein. Krupps Privatvermögen ging noch vor seinem Tod in die Krupp-Stiftung über, die bis heute ein wichtiger Ankerpunkt in Wirtschaft und Kulturförderung ist.

KÄFFCHEN. KIPPE.

Ob sie nun Trinkhalle, Büdchen, Verkaufshalle oder Kiosk heißen: Die winzigen Läden gehören zum Revier wie die Currywurst zu den Pommes. In den ersten Trinkhallen vor über 100 Jahren genehmigten sich die durstigen Bergleute und Stahlkocher nach der Schicht beim Plausch eine Flasche Mineralwasser – Alkohol durfte nicht verkauft werden. Heute bestellt der Ruhri ein Pülleken Bier und meint damit mindestens 0,5 Liter. Nirgends gibt es so viele Trinkhallen wie im Pott und alle haben ihren ganz eigenen Charakter(-kopf).

INSIDER-TIPP **Päusken nach Ruhrpottart**

Holger Müller von der *Erzbahnbude* in Gelsenkirchen rockt regelmäßig die Erzbahntrasse mit Livemusik und Partys zu Frikadelle und Pilsken. Im Dortmunder *Bergmann Kiosk* schmeckt das Bergmann-Bier nach einem Hauch Ruhrgebietsgeschichte. Und Rosi in ihrem *Stübchen* in Duisburg ist eh die Beste.

ESSEN
SHOPPEN
SPORT

Der Ruhrtalradweg führt dich auch durch Schwerte und seine hübsche Altstadt

ESSEN & TRINKEN

Kulinarisch zeigt sich das Ruhrgebiet vielseitig. Deftige regionale Bergmannskost kommt hier immer noch gerne auf den Teller. Der Ruhri ist aber auch durchaus offen für eine moderne, internationale Küche.

NOT MACHT ERFINDERISCH

Eine traditionelle Ruhrgebietsküche im eigentlichen Sinn gab und gibt es nicht. Die Region liegt zwischen dem Rheinland, dem historischen Durchzugsgebiet der Völkerwanderungen, und dem Westfälischen, das seit jeher mit landwirtschaftlichen Erträgen in Fülle aufwarten konnte. Die Bruchlandschaft entlang der Emscher im nördlichen Ruhrgebiet war hingegen nicht mit allzu vielen oberirdischen Bodenschätzen gesegnet. Und so haben letztlich die Menschen, die von überallher in diese Region strömten, mit ihren Essgewohnheiten und Vorlieben eine Art kulinarischen Flickenteppich geschaffen. Der Pott, ein Schmelztiegel der Kulturen, bietet Handfestes, kaum etwas wirkt gekünstelt. Die ersten Einwanderer, die vornehmlich aus dem Osten Europas kamen, brachten deftige Gerichte aus preisgünstigen Zutaten mit. So gut wie immer gehörten Kartoffeln als Beilage dazu – gekocht oder gebraten, püriert oder als Salat. Viele Gerichte waren Eintöpfe oder Suppen, von der Schnibbelbohnensuppe bis zur Graupensuppe mit mehr oder weniger gehaltvoller Einlage. Eine regionale Küche mit Spezialitätenrestaurants hat sich daraus aber zunächst nicht entwickelt. Der Bergarbeiter aß zu Hause und in den Kneipen gab es oft nur das, was zum Bier passte, z. B. Frikadellen mit Kartoffelsalat.

MEHR ALS PASTA, BASTA

Durch die Zuwanderung aus Italien in den 1960er-Jahren hat sich die Spei-

Ob altbewährt oder kreativ von Streetfood-Wagen: Satt wirst du im Pott auf jeden Fall

sekarte mediterran erweitert. Heute findest du an fast jeder Hauptstraße eine einfache Stehpizzeria, die meistens auch einen lukrativen Bringdienst betreibt. Konjunktur haben in den letzten Jahren die edlen italienischen Restaurants, die hausgemachte Pastaspezialitäten, ausgesuchte Weine und andere Köstlichkeiten anbieten.

GROSSE VIELFALT – UND BITTE LANGSAM

Erst in den letzten Jahrzehnten entstand eine umfassende Restaurantkultur. Das Angebot ist mittlerweile – zumindest in den großen Städten des Reviers – genauso breit gefächert wie in anderen Metropolregionen. Was Städte und Stadtteile trotzdem an Typischem zu bieten haben, entdeckst du z. B. bei kulinarischen Stadtführungen. Infos zu Geschichte, Architektur und Kultur werden kombiniert mit Kostproben aus kleinen Cafés, Restaurants und Imbissen *(eat-the-world.de)*. Vor allem in den letzten Jahren gewannen handwerklich erzeugte Lebensmittel wieder an Bedeutung, sei es der Ziegenkäsehof, der seine Tiere ausschließlich mit Futter aus eigener Herstellung füttert, die Senfmühle mit historischen Mahlgängen oder die Direktvermarktung auf Höfen. Eine gute Übersicht hierzu liefert die Organisation Slow Food *(slowfood.de)*. Sie setzt sich für genussvolles, bewusstes und regionales Essen ein und ist auch im Ruhrgebiet mit Ortsgruppen, den sogenannten Convivien, in Bochum, Essen oder Dortmund sehr aktiv.

GEGLÜCKTE FUSION

Wie es sich für einen Melting Pot gehört, treffen hier die verschiedensten Kulturen aufeinander. Arabische, japanische, spanische, indische oder russische Köche bringen frischen Wind und neue Einflüsse in die Restaurantszene. Vor allem das türkische Gastro-Umfeld hat sich stark weiterentwickelt und bietet heute neben Dönerimbissen (die sich immer noch großer Beliebtheit erfreuen) ebenfalls eine moderne osmanische Küche. Angesagt sind zudem zeitlos-international gestylte Edelrestaurants, die all diese Einflüsse mischen und unter dem Label „One-World-Food" oder „Fusion-Food" ihre kulinarischen Kreationen anbieten. Auch Streetfood-Konzepte haben längst einen festen Platz: Festivals sowie kleine Restaurants mit qualitativ hochwertigem Essen „auf die Faust" beweisen, dass schnell und lecker sich nicht widerspricht.

Ruhrpott-Kulinarik auf hohem Niveau mit Industrieflair: Casino Zollverein in Essen

JUNGE WILDE, FALSCHE HASEN

Was in gutbürgerlichen Restaurants angeboten wird, sind entweder westfälische oder rheinische Klassiker – deftige Hausmannskost, die vorzugsweise in ländlich gelegenen Lokalen auf den Tisch kommt. Dazu gehören Gerichte wie Blutwurst mit Stampfkartoffeln, Bratwurst mit dicken Bohnen, Stielmus mit Speck oder die Hackalternative zum Braten, der falsche Hase. Zunehmend findet man aber auch schmackhafte moderne Varianten dieser Klassiker. Ambitionierte Köche wie Nelson Müller oder Pia-Engel Nixon drücken der Heimatküche ihren kreativen Stempel auf.

BIERLAND RUHRGEBIET

Im Revier gilt Bier als flüssiges Nahrungsmittel und wird fast zu jedem Essen getrunken. Und auch wenn es hier keine Hopfenstöcke gibt – die hiesigen Brauer wissen sehr gut, wo in Bayern der beste Hopfen wächst. Dieser wird dann direkt im Revier verarbeitet. In einigen Städten existieren kleine Privatbrauereien mit eigenen Brauhäusern. Entlang der Route Industriekultur führt dich die Themenroute „Brot, Korn und Bier" zu den wichtigsten historischen Produktionsstätten. Natürlich darf auch probiert werden.

Wein wurde in Kneipen noch in den 1980er-Jahren nicht selten maximal nach weiß und rot unterschieden. Mittlerweile hat sich das geändert, viele Lokale bieten neben ihrer Bistroküche auch einiges an offenen Weinen an, außerdem verfügt das Ruhrgebiet über ein dichtes Netz an Weinfachhandlungen.

Unsere Empfehlung heute

Vorspeisen

KARTOFFELSUPPE
mit Frankfurter Würstchen

SCHNIBBELBOHNENSUPPE
mit frischen, in schräge Steifen „geschnibbelten" grünen Bohnen

Kleiner Imbiss

CURRYWURST MIT POMMES ROT-WEISS
mit je einem Klecks Ketchup und Mayonnaise

BERGMANNSTELLER
Mett, Frikadellen, Bratenaufschnitt mit Gewürzgurken und Senf, dazu Roggenbrötchen

DORTMUNDER SALZKUCHEN
rundes Hefeteigbrötchen mit Salz und Kümmel, dazu Mett und Zwiebeln

EIER IN SENFSAUCE
pikant mit ordentlich Senf

Hauptgerichte

ÄRPEL MIT SCHLAAT
ein Püree aus Kartoffeln (Ärpel) und Salat (Schlaat)

HIMMEL UND ERDE
deftiger Klassiker aus Stampfkartoffeln und Apfelmus, mit gebratener Blutwurst und gerösteten Zwiebeln

HOPPELPOPPEL
gewürfelte gebratene Kartoffeln, Fleisch mit gerösteten Zwiebeln, darüber verquirlte gestockte Eier

PFEFFERPOTTHAST
ein würzig-scharfer Fleischtopf mit viel Zwiebeln und frisch gemahlenem Pfeffer, serviert mit Salzkartoffeln und Gewürzgurken

PANHAS
Gericht aus gekochtem Rindfleisch, Schweinebauch, Leberwurst, Zwiebeln, Buchweizenmehl, Kräutern und Gewürzen, in der Pfanne gebraten

KNISTERFINKEN
Eintopf aus Stielmus (Rübstiel) und Kartoffeln, dazu Speckpfannkuchen

Desserts

PÜFFERKES
kleine Hefeküchlein, in Öl ausgebacken

APPELPFANNEKUCHEN
Mehlspeise mit Äpfeln

SHOPPEN & STÖBERN

Die Einkaufsmöglichkeiten im Ruhrgebiet spiegeln Geschichte und Entwicklung dieser Region wider. Wo einst die Schwerindustrie dominierte, war filigranes Kunsthandwerk als Touristensouvenir nicht angesagt. Mit dem Strukturwandel kamen neue Ideen, junge Designer setzen Akzente in den Großstädten des Reviers. Daneben warten ländliche Highlights mit Spezialitäten ab Hof. Kleine Läden prägen die Altstädte von z. B. Castrop-Rauxel, Hattingen und Recklinghausen.

FÜR GRUBENKINDER

Auch wenn es im Ruhrgebiet keine aktiven Zechen mehr gibt, ist die Liebe zur Heimat mit ihren Bergbauwurzeln doch noch tief und echt in den Menschen verankert. Und so findest du hier nicht nur typische Souvenirs wie Schlüsselanhänger, Frühstücksbrettchen oder Taschen mit Ruhrgebietsmotiven, sondern auch kreative und skurrile Mitbringsel. Die modischen Jacken von *Grubenhelden (grubenhelden.de)* sind zum Beispiel mit dem Steigerlied im Inneren versehen und das Vogelhäuschen kommt im Stil eines Fördergerüsts daher.

INSIDER-TIPP
Im Handumdrehen ein „Ruhri"

Das wohl authentischste Ruhrgebietssouvenir ist das Fensterrausguckkissen von *Die Pottlappen* *(pottlappen.de)*. Aus alten Grubenhemden gefertigt, macht es aus dir im Nu einen echten Ruhri. Jetzt musst du nur noch im Fenster liegen und die Straße beobachten!

FÜR SCHATZSUCHER

An historischen Orten, auf Marktplätzen oder in kleinen Altstadtläden: Das Kunsthandwerk wird im Ruhrgebiet hochgehalten. Ob Bildhauereien, Fotografien, Textilarbeiten – an vielen

Kumpelromantik in Form von originellen Souvenirs: Geschirrtücher aus Grubentüchern (re.)

Orten wartet auf dich eine gute Mischung aus alteingesessenen Künstlern und jungen innovativen Pottköpfen. Informationen über Lokalitäten und Veranstaltungen bekommst du auf den Websites der jeweiligen Städte.

FÜR GENIESSER

Bauernhöfe mit Direktverkauf gibt es im Ruhrgebiet überall, meistens an den Stadtgrenzen. Eine umfassende Übersicht bietet die Seite *hofladen-bauernladen.info*. Wer Spargel mag, sollte zwischen April und Juni einen Besuch im *Spargeldorf Scherlebeck (spargeldorf-scherlebeck.de)* in Herten einplanen. Vier Bauern betreiben Hofcafés und Direktvermarktung im losen Verbund.

FÜR SHOPPINGQUEENS

Das Ruhrgebiet kann auch groß: Die riesige Shoppingmall *CentrO* in Oberhausen war die erste dieser Art im Revier. Das *Rhein-Ruhr-Zentrum* an der Stadtgrenze Mülheim/Essen zählt mit seiner überschaubaren Fläche eher schon zu den Oldies, hat aber durchaus seinen Charme. Ein wahrer Riese ist das Einkaufszentrum *Limbecker Platz* in Essen. Aber auch die Foren in Duisburg und Mülheim lassen kaum Wünsche offen.

FÜR KREATIVE UND NONKONFORMISTEN

In den Revierstädten hat sich ein Netzwerk mit interessanten Designläden und -labels entwickelt. Die Szene gibt sich urban und innovativ, gerne auch unangepasst. Oft findest du die kreativen Orte in der Nähe von historischen Stätten wie Zechen und dem Dortmunder U oder in angesagten Szenevierteln, etwa Bochum-Ehrenfeld, Essen-Rüttenscheid oder dem Dortmunder Kreuzviertel. Mach dich auf die Suche!

SPORT

Mit dem Mountainbike die Halde hinabsausen, klettern zwischen Hochöfen oder mal das Stand-up-Paddeln ausprobieren – du wirst überrascht sein, was die Region jenseits von Fußball zu bieten hat.

BEACHVOLLEYBALL

Baggern, was das Zeug hält: Das *Blue Beach (Luhnsmühle 2 | Witten | Tel. 02302 58 04 00 | bluebeach.de)* am Kemnader See bietet vier Outdoor- und fünf Indoorplätze. Im Essener *Seaside Beach Baldeney (Freiherr-vom-Stein-Str. 384 | Tel. 0201 4 90 60 90 | seaside-beach.de)* findest du gleich fünf professionelle Beachvolleyball-Courts mit großzügigen Auslaufzonen rund um die Felder. Auch am *Haarener See (Sundernstr. 10 | Tel. 02388 30 38 25 | wasserski-hamm.de)* in Hamm und im Freibad am Duisburger *Wolfssee (Kalkweg 262 | Tel. 0203 72 04 05 | freibad-wolfssee.de)* heißt es bei gutem Wetter: Angriff und Block.

EISLAUFEN

Eislaufhallen gibt es in fast jeder größeren Revierstadt. Essen zeigt dir aber eine ganz besondere Bahn – sie ist 150 m lang und dazu unter freiem Himmel inmitten einer imposanten Kulisse: Auf dem Gelände der ehemaligen Kokerei der Zeche Zollverein kannst du während der Saison im Dezember und Januar zwischen Koksöfen und Schornsteinen elegant die Kufen schwingen. Abends wirds noch schöner, da taucht eine Installation die Szenerie in stimmungsvolles Licht. *Kokerei Zollverein | Arendahls Wiese | Tel. 0201 24 68 10 | zollverein.de*

GOLF

Das Ruhrgebiet punktet bei Golffreunden mit einer ganzen Reihe ausgezeichneter 9- und 18-Loch-Golfplätze.

Rudern, SUP, segeln: Auf dem Baldeneysee in Essen kannst du dich austoben

Auf dem Gelände der ehemaligen *Zeche Jacobi (Jacobistr. 35 | Tel. 0208 2 99 73 35 | pott-golf-club.de)* in Oberhausen-Osterfeld wurde ein öffentlicher 9-Loch-Platz mit angeschlossener Golfschule angelegt. Für alle, die nicht direkt so professionell an die Sache rangehen wollen: Schon einmal Swingolf probiert? Das ist eine Variante mit vereinfachter Ausstattung und Regelkunde. Mit dem *Teamerlebnis Rutherhof (Rutherweg 39 | Tel. 0201 49 24 68 | rutherhof.de)* im Essener Stadtteil Schuir kannst du diesen unkomplizierten Freizeitsport mit Blick auf Felder und Wälder kennenlernen.

HALDENBIKING

Auf der Deponie Huckarde in der Nähe des Dortmunder Hafens ist ein gefragter Mountainbike-Parcours *(Anfahrt über Lindberghstr. oder Deusener Str. | geo.io/de/Deusenberg)* entstanden: Biker-X-Strecken internationalen Niveaus, Übungsparcours für Einsteiger und Singletrails mit Blick auf Dortmund stehen zur Verfügung. In Herten hat der Regionalverband Ruhr auf der *Halde Hoheward* eine 6,5 km lange Cross-Country-Strecke angelegt, auf der *Halde Hoppenbruch* einen 4,4 km langen Enduro-Rundkurs. *hoheward.rvr.ruhr*

Wenn du erst mal ein paar Tricks und Moves lernen möchtest, hat das Ruhrgebiet auch Mountainbikeschulen in petto wie die Dortmunder *Bikeride-Schule (Tel. 02302 9 82 99 79 | bikeride.de)*. Das Team von *Mountainbike Ruhr (Dahlhauser Str. 103 | Tel. 0171 4 26 90 26 | mountainbike-ruhrgebiet.de)* in Essen hat sich das „Ruhrpott-Cross" ausgedacht, eine Mountainbiketour durchs südliche Ruhrgebiet mit einigen Trailperlen und toller Aussicht.

INSIDER-TIPP
Hallo Adrenalin-junkies!

INLINESKATEN

Die besten Skatestrecken befinden sich an der Südseite des *Baldeneysees* in Essen und rund um den *Kemnader See* im Städtedreieck Bochum/Witten/Hattingen. Tourempfehlungen von einsteigergeeignet am Auesee nördlich von Wesel oder zwischen Marl-Sinsen und Haltern durch das Waldgebiet Haard bis zu „stellenweise offroad" für Fortgeschrittene rund um die Duisburger Sechs-Seen-Platte findest du unter *the-x-files.de.*

KLETTERN

Trotz fehlender Berge: Die Kletterwände im stillgelegten Thyssen-Stahlwerk im *Landschaftspark Duisburg-Nord (Emscherstr. 71 | Tel. 0203 42 81 20 | landschaftspark.de)* bieten reichlich Gelegenheit, die Wände hochzugehen. Einweisung und Tipps geben Kletterprofis. Die ☂ Indoorwand in der ehemaligen *Lohnhalle der Zeche Helene (Twentmannstr. 125 | Tel. 0201 17 19 59 66 | dav-essen.de)* in Essen wurde zum Kletterpütt: 14 m hoch, Schwierigkeitsgrad 3–9, Kamin- und Rissklettern sind möglich, insgesamt 600 m² Kletterfläche. Einer der größten Naturhochseilklettergärten in Deutschland ist auf 17 000 m² in direkter Lage neben dem Gasometer Oberhausen in einen lebenden Baumbestand integriert: der *Hochseilgarten Oberhausen (Arenastr. 13 | (*) Tel. 01805 8 73 32 87 33 | tree2tree.de).* Über 200 Kletterelemente sind hier auf 16 Parcours unterschiedlichster Schwierigkeitsgrade verteilt. Weitere Hochseilgärten gibt es in Dortmund und Duisburg.

RADFAHREN

Das Radrevier Ruhr *(radrevier.ruhr)* bietet ein dichtes Radwegenetz. Die *Route Industriekultur (route-industrie kultur.ruhr)* führt auf ca. 700 km über Bahntrassen, vorbei an Känalen, Halden und Industriedenkmälern. Das Knotenpunktsystem nach niederländischem Vorbild gibt eine gute Orientierung. Die *Römer-Lippe-Route (roe merlipperoute.de)* beginnt am Hermannsdenkmal in Detmold und führt dann auf der mehr als 400 km langen Hauptroute bis nach Xanten. Wunderschön präsentiert sich der *Ruhrtal-Radweg (ruhrtalradweg.de).* Er folgt von der Quelle bei Winterberg im Sauerland bis zur Mündung in den Rhein bei Duisburg auf 240 km der Ruhr mit vielen idyllischen Abschnitten.

REITEN

Ein weitläufiges Reitwegenetz durchzieht die Wälder des Ruhrgebiets. Besonders reizvoll gestaltet sich der Norden. Der Regionalverband Ruhr *(shop.rvr.ruhr)* bietet mit „Tour-Tipp" eine Kartenreihe, die Wander-, Rad- und Reitwege rund um Haard, Hohe Mark und Kirchheller Heide aufzeigt. In der gesamten Region gibt es zudem zahlreiche Reitställe, die Reitstunden auch ohne Mitgliedschaft anbieten, z. B. die *Bochumer Reiterschaft (Zum Schultenhof 99 | Tel. 0234 59 22 00 | bochu mer-reiterschaft.de)* oder der *Holthäuser Hof (Im Eickel 42 | Tel. 0172 5 35 95 92 | holthaeuser-hof.de)* in Waltrop.

SKIFAHREN

Auf der ehemaligen Halde Prosper in Bottrop steht mit dem ☂ *Alpincenter* der größte Kühlschrank der Welt. Die ganzjährig betriebene Skihalle mit Echtschneeverhältnissen bietet eine 640 m lange Piste mit einem Gefälle zwischen fünf und 24 Prozent. Neben Skischule und Materialverleih machen Almhütten dich auch kulinarisch glücklich. Im Sommer lockt der Biergarten. Unter dem Motto Funsport steht ein Indoor-Skydiving-Windtunnel zur Verfügung. *Prosperstr. 299–301 | Tel. 02041 7 09 50 | alpincenter.com*

TAUCHEN

Spektakulär ist Europas größtes Indoor-Tauchbecken untergebracht, nämlich im alten Gasometer des Landschaftsparks Duisburg-Nord. Unter Wasser wirds spannend: Du findest u. a. ein Schiffswrack, ein Autoskelett und ein Miniriff. *Emscherstr. 71 | Tel. 0203 4 10 53 53 | tauchrevier-gasometer.de*

WASSERSPORT

Die meisten Vereine gibt es am Essener Baldeneysee. Kanus bekommst du z. B. am *Seaside Beach Baldeney (Buchung über insider-traveller.de)* oder bei *Kanu-Tour-Ruhr (kanu-tour-ruhr.de)* – hier warten auch SUP-Boards auf dich. Auch der *Kemnader See* mit dem *Freizeitzentrum Kemnade (Querenburger Str. 29 | Witten | Tel. 02302 2 01 20 | kemnader-see.de)* ist ein ideales Wassersportrevier. Boote liegen am *Hafen Heveney (Blumentau 7 | Tel. 0234 91 79 52 72)* und am *Bootsverleih Oveney (Oveneystr. 69a | Tel. 0234 91 79 52 74)*. Das *Freizeitzentrum Xanten (Am Meerend 2 | Tel. 02801 71 56 56 | f-z-x.de)* hat mit der „Nordsee" und der „Südsee" ein Wassersportdorado geschaffen. Hier kannst du diverse Boote ausleihen, Wasserski und Wakeboard fahren oder dich im Stand-up-Paddeln versuchen.

Biking in Bottrop: tolle Ausblicke vor der Kulisse der Totems auf der Halde Haniel

DIE REGIONEN IM ÜBERBLICK

Dortmund-Ems-Kanal
Die Kontraste des Ruhrgebiets kennenlernen
Haltern
Lippe
Hamm
HAMM & DER NORDEN S. 88
larl
Waltrop
Reckling-hausen
Herten
Bergkamen
Castrop-Rauxel
Herne
Dortmund
Unna
Bochum
Schwerte
Ruhr
Witten
Hattingen
Bergbauspuren suchen am Rand des Reviers
Hagen
HAGEN & DER SÜDOSTEN S. 76
10 km
6.21 mi

DIE MITTE

LAUTER ÜBERRASCHEND GRÜNE METROPOLEN

Mittendrin im Ruhrpott: Mach dich auf zu einer Entdeckungsreise in eine vielfältige Stadtlandschaft mit hohem Freizeitwert. Das zentrale Ruhrgebiet ist ein Schmelztiegel, die Grenzen sind fließend und irgendwie scheint das ganze Häusermeer auf geheimnisvolle Art und Weise zusammenzugehören.

Wie du dir das „in echt" vorstellen kannst? Jeder Ruhrgebietler kennt die Antwort: Da, wo eine Stadt aufhört, siehst du schon das nächste Ortsschild. Das Durcheinander von Autobahnabfahrten, Ar-

„Eiffelturm des Ruhrgebiets": der Förderturm auf Zeche Zollverein in Essen

beitersiedlungen, futuristischen Hochhäusern und Technologiezentren, Fußballplätzen und umgewandelten Zechenanlagen samt Fördertürmen mag dich zunächst vielleicht verwirren. Aber schau genau hin! Gerade dort, wo du es niemals erwarten würdest, findest du idyllische Flecken und Orte, die dich glauben lassen, gar nicht mehr im Ruhrgebiet zu sein.

DIE MITTE

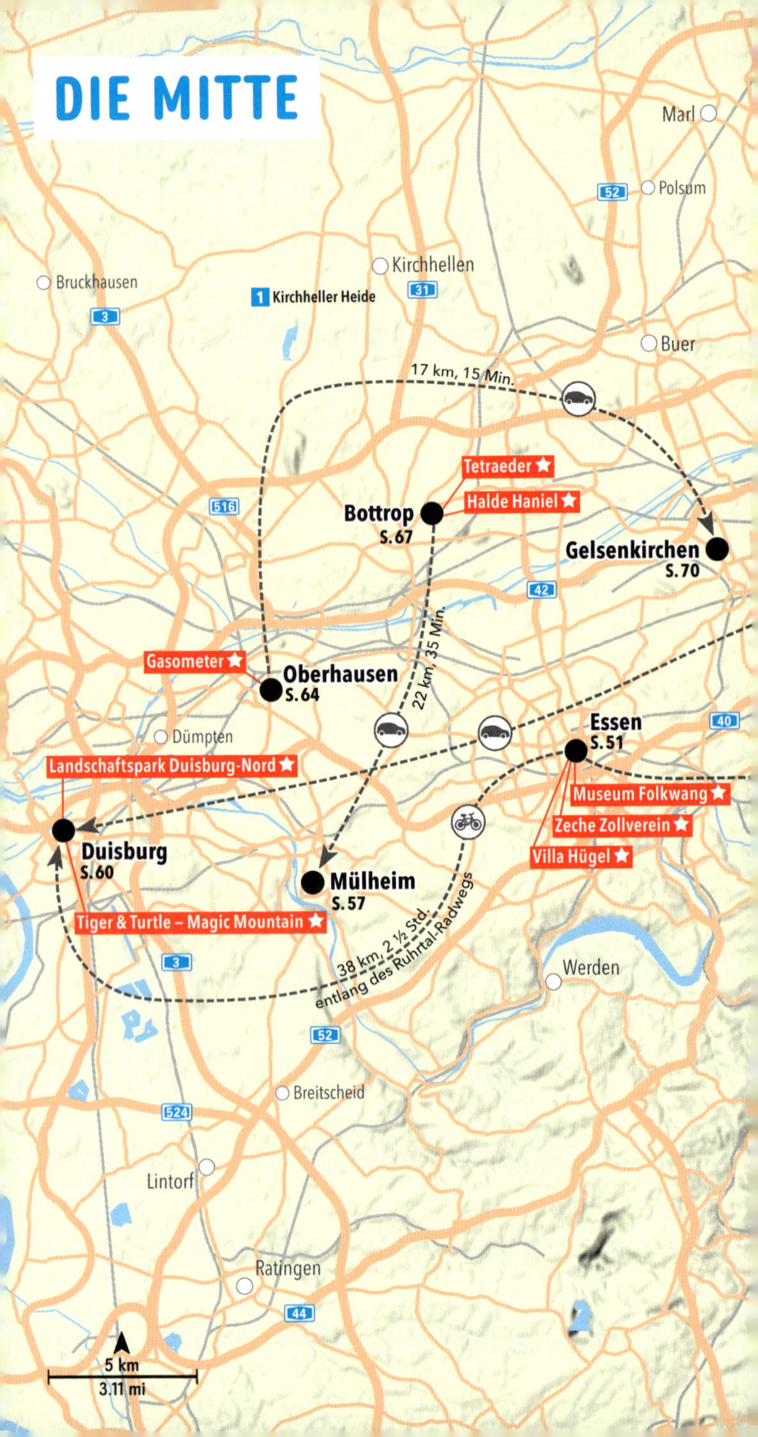
Marl
Polsum
52
Kirchhellen
Bruckhausen
1 Kirchheller Heide
31
3
Buer
17 km, 15 Min.
Tetraeder
Halde Haniel
Bottrop
S. 67
516
Gelsenkirchen
S. 70
42
22 km, 35 Min.
Gasometer
Oberhausen
S. 64
Essen
S. 51
40
Dümpten
Landschaftspark Duisburg-Nord
Museum Folkwang
Zeche Zollverein
Villa Hügel
Duisburg
S. 60
Mülheim
S. 57
Tiger & Turtle – Magic Mountain
38 km, 2 ½ Std.
entlang des Ruhrtal-Radwegs
3
Werden
52
Breitscheid
524
Lintorf
Ratingen
44
5 km
3.11 mi

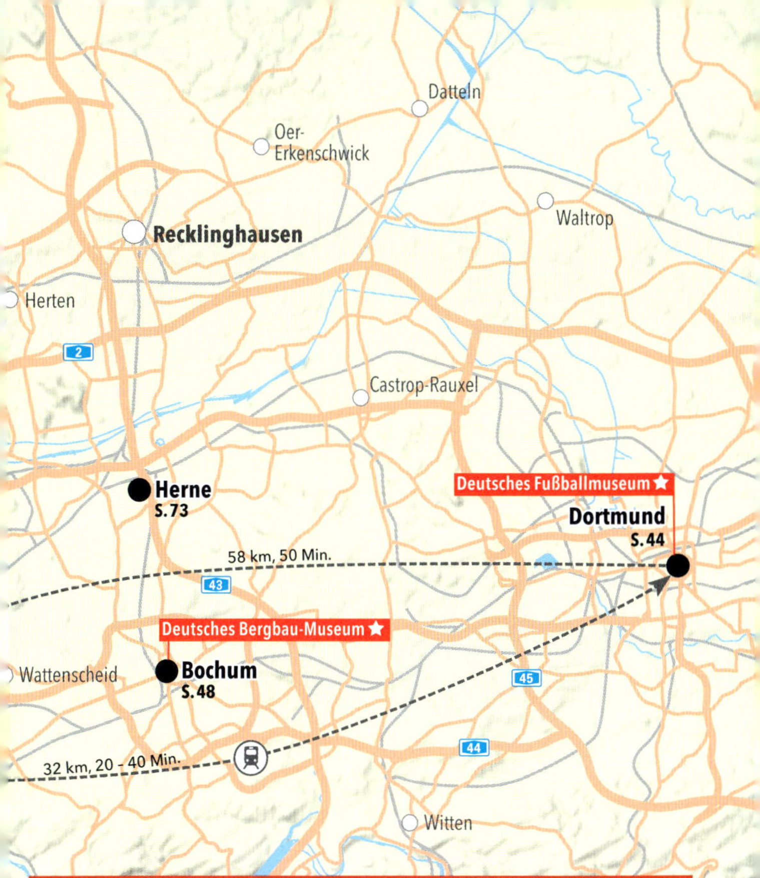

MARCO POLO HIGHLIGHTS

★ **DEUTSCHES FUSSBALLMUSEUM**
In Dortmund erfährst du alles über das Runde, das ins Eckige muss ➤ S. 44

★ **TIGER & TURTLE – MAGIC MOUNTAIN**
Spektakuläre Landmarke und begehbare Achterbahn in Duisburg ➤ S. 63

★ **ZECHE ZOLLVEREIN**
Ein Unesco-Welterbe ist dieses Essener Industrieensemble im Bauhausstil ➤ S. 53

★ **MUSEUM FOLKWANG**
Das „Museum des Jahres 2020" in Essen glänzt mit moderner Kunst ➤ S. 52

★ **HALDE HANIEL**
Noch ein Haldenknaller in Bottrop: mit Amphitheater und bunten Totempfählen auf dem Gipfel ➤ S. 68

★ **LANDSCHAFTSPARK DUISBURG-NORD**
Sport, Freizeit und noch viel mehr im ehemaligen Hüttenwerk ➤ S. 62

★ **GASOMETER**
Europas höchste „Ausstellungstonne" in Oberhausen ➤ S. 64

★ **TETRAEDER**
Die Stahlkonstruktion auf der Halde in Bottrop leuchtet nachts ➤ S. 67

★ **DEUTSCHES BERGBAU-MUSEUM**
Das Museum in Bochum ist das kulturelle Gedächtnis des Ruhrgebiets ➤ S. 49

★ **VILLA HÜGEL**
Die beeindruckende Residenz der Stahl- und Kanonendynastie Krupp in Essen ➤ S. 53

DORTMUND

(🕮 J–K 4–5) **Wie keine andere Stadt im Ruhrgebiet kannst du Dortmund (603 000 Ew.) aus der Vogelperspektive überblicken.**

Der Florian, seit der Bundesgartenschau 1959 eines der Wahrzeichen der Stadt, machts möglich: Vom 150 m hohen Fernsehturm am Nordrand des Westfalenparks bietet sich ein einmaliger Blick auf die Stadt- und Industrielandschaft.

Die ehemalige Hansestadt wurde von Karl dem Großen wegen der strategisch günstigen Lage um 880 am damals bedeutendsten Handelsweg der Region, dem Hellweg, errichtet. Der *Westenhellweg*, der der mittelalterlichen Heer- und Handelsstraße folgt, ist mit dem Einkaufszentrum Thier-Galerie inzwischen die wichtigste Meile der Stadt. Dortmund hat aber auch eine überaus reichhaltige Kulturlandschaft zu bieten – von der Hinterhofgalerie über szenige Viertel wie etwa das Kreuzviertel bis hin zu Museen.

WOHIN ZUERST?

Dem **Hauptbahnhof** *(🕮 h–j2)* direkt gegenüber liegen das Fußballmuseum und das MKK. Richtung Süden sind es nur fünf Minuten zur Fußgängerzone Westenhellweg. Via Kleppingstraße oder Hansaplatz kommt man zum Wall, über den man bis zum U gelangt. Parkhäuser und -plätze gibt es in Bahnhofsnähe, eine U-Bahn-Station im Bahnhof und am U.

Wer Erholung sucht, findet in den vielen Parkanlagen und Waldgebieten Entspannung. Und mit dem künstlich angelegten Phoenix-See hat die Metropole nun auch ein Freizeitareal am Wasser.

SIGHTSEEING

MUSEUM FÜR KUNST UND KULTURGESCHICHTE (MKK)

Kulturgeschichte der Stadt Dortmund im Zeitraffer: Gemälde, Skulpturen, Kunsthandwerk und Möbel von der Urzeit bis heute. Das Museum selbst ist Architekturgeschichte: Der Art-déco-Bau wurde 1923 errichtet und beherbergte die damalige Sparkasse. *Di, Mi, Sa, So 11–18, Do/Fr 11–20 Uhr | Hansastr. 3 | mkk.dortmund.de | ⏲ 2 Std. | 🕮 j2*

DEUTSCHES FUSSBALLMUSEUM ★

Zwei Schuhe, zwei Treffer, vier Sterne: Ihre Träger schossen die Siegtore zum ersten und vierten WM-Titel für die deutsche Fußballelf der Männer. Gegenüber vom Hauptbahnhof gibt es neben den „Schlappen" von Helmut Rahn und Mario Götze rund 1600 Exponate und insgesamt 25 Stunden Filmmaterial rund um die schönste Nebensache der Welt zu entdecken, multimedial und lebendig präsentiert in Bereichen von Anstoß bis Nachspielzeit. *Di–So 10–18 Uhr | Platz der Dt. Einheit 1 | fussballmuseum.de | ⏲ 3 Std. | 🕮 j3*

DORTMUNDER U

Kunst überall! Zum einen natürlich im *Museum Ostwall*: Sammlungsschwer-

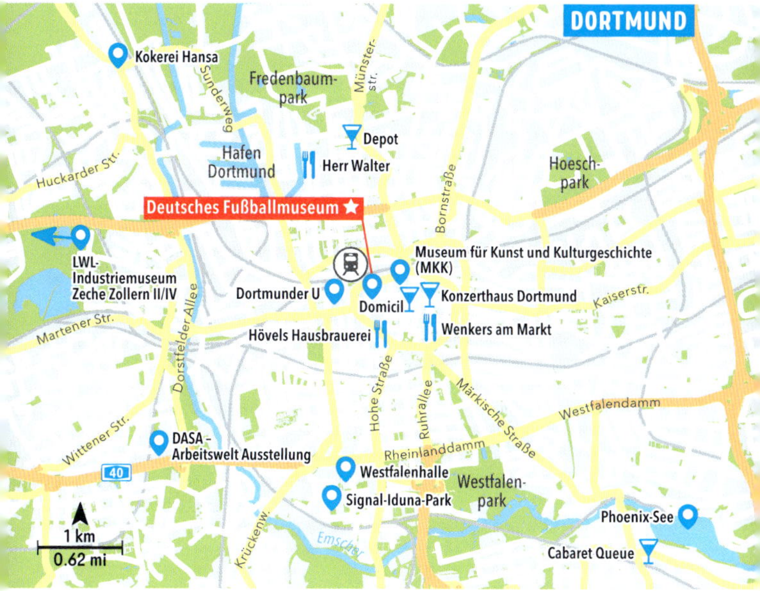

punkt des Museums sind Gemälde, Skulpturen, Objekte und Fotos des 20. und 21. Jhs. Die Skulpturensammlung von Aristide Maillol bis Wilhelm Lehmbruck präsentiert viele Facetten der bildhauerischen Entwicklung der Moderne. Die Dauerausstellung stellt u. a. Werke des Fluxus, die Malerei des Expressionismus und des Informel sowie Videoarbeiten der Gegenwart in den Mittelpunkt. Zum anderen haben im Gebäude der ehemaligen Union-Brauerei die verschiedensten Kultureinrichtungen mit oft überraschenden Veranstaltungen eine Heimat gefunden.

INSIDER-TIPP
Kunst ist die Krönung

Das wahre Highlight ist die Dachkrone, an der Regisseur Adolf Winkelmann mit wechselnden Bildern eine einzigartige Filminstallation geschaffen hat. Lass dich überraschen! *Di, Mi, Sa, So 11–18, Do/Fr 11–20 Uhr | Leonie-Reygers-Terrasse 2 | dortmunder-u.de | 2 Std. | h3*

WESTFALENHALLE & SIGNAL-IDUNA-PARK

Die Westfalenhalle und den Signal-Iduna-Park darfst du nicht verpassen, denn die großen Ereignisse aus Politik, Wirtschaft, Sport, Kultur und Showbusiness finden hier statt. Berühmt für ihren Rundbau und ein Wahrzeichen Dortmunds: die Westfalenhalle. Und falls dein Herz beim Wort Fußball höher schlägt, dann gönn dir eine Führung durchs *Dortmunder Stadion (borussia-dortmund.de).* mit seiner legendären Südtribüne. *Rheinlanddamm/Strobelallee | westfalenhallen.de | 0*

Modernes urbanes Wohnen und Joggingmeile vor Ruhrpottkulisse: der Phoenix-See

DASA – ARBEITSWELT AUSSTELLUNG

Hier kannst du einen spannenden Ausflug in die Arbeitswelt von gestern, heute und morgen unternehmen. Ob Webstuhl, Flugzeugcockpit oder das größte Notebook der Welt: ausprobieren und experimentieren! *Mo–Fr 9–17, Sa/So 10–18 Uhr | Friedrich-Henkel-Weg 1–25 | dasa-dortmund.de | 3 Std. | 0*

PHOENIX-SEE

Anfangs war es nur eine kühne Idee: Die Planung des künstlich angelegten Phoenix-Sees auf dem ehemaligen Industriegelände von Thyssen Krupp stieß nicht bei allen Dortmundern auf Wohlgefallen. Hohe Kosten, Bebauungsauflagen – alles vergessen. Heute zeigt sich der See schön abwechslungsreich mit Deichwegen und grasbewachsenen Aussichtspunkten auf der einen, einer belebten Hafenpromenade und Neubaugebieten auf der anderen Seite. Besuch auf jeden Fall auch das nordöstliche Ufer, denn hier – mitten im tiefsten Ruhrgebiet – wächst tatsächlich Wein an den Hängen. Auf einem Lehrpfad erfährst du viel Wissenswertes über den Weinanbau. *Anfahrt über Faßstraße, Hörder-Bach-Allee oder Meinbergstraße | phoenix-see.de | 0*

INSIDER-TIPP
Projekt „Prost!"

KOKEREI HANSA

Hier riecht es noch immer nach Koks: Die Kokerei Hansa im Dortmunder

Norden ist die letzte erhaltene von ehemals 17 Kokereien. Als Zentralkokerei war sie Teil eines Produktionsverbunds von Bergwerk, Kokerei und Hüttenwerk. 1992 stillgelegt, ist Hansa heute Sitz der Stiftung Industriedenkmalpflege. Ein Erlebnispfad gewährt ungewöhnliche Einblicke in eine vergangene Industrieepoche. *Di–So 10–16 Uhr | Emscherallee 11 | industriedenkmal-stiftung.de* | 0

LWL-INDUSTRIEMUSEUM ZECHE ZOLLERN II/IV

Auf den ersten Blick wirkt die 1898 eingeweihte Zechenanlage mit ihrer herrschaftlichen Architektur wie ein Schloss. Dazu modernste Technik: Schalttafeln aus Marmor im Inneren der Maschinenhalle wecken Assoziationen an Fritz Langs Film „Metropolis". Im Restaurant *Pferdestall,* dem ehemaligen Kutschenhaus, schmecken regionale Klassiker wie Himmel und Erde; schöner Biergarten. *Di–So 10–18 Uhr | Grubenweg 5 | zeche-zollern.de | 2½ Std.* | 0

ESSEN & TRINKEN

WENKERS AM MARKT

Dieses Brauhaus ist eine Institution! Nicht nur bei den BVB-Spielen trifft sich Jung und Alt zu einem Wenkers Urtrüb und den einmaligen Dortmunder Salzkuchen mit Schinkenmett und Zwiebeln. *Tgl. | Betenstr. 1 | Tel. 0231 52 75 48 | wenkers.de | €–€€* | k3

HÖVELS HAUSBRAUEREI

Seit 1893 produziert die Brauerei ihr Hövels Original nach der gleichen Rezeptur. In uriger Atmosphäre – mit Blick auf kupferne Braukessel oder im Biergarten – wandern aber nicht nur rotgoldene Hopfensaftgläser über die Tische. Für Fleischesser gibts Spanferkelrollbraten und Rinderrouladen, Veganer freuen sich über den Burger mit Kichererbsen-Hirse-Patty. *Tgl. | Hoher Wall 5–7 | Tel. 0231 9 14 54 70 | hoevels-hausbrauerei.de | €–€€* | j4

HERR WALTER

Coole Frachtkahnkneipe im Hafen: Hier kannst du tanzen unterm Sonnensegel, chillen im Liegestuhl, Fußball gucken unter Deck, kleine Stärkung an Walters Schiffskombüse inklusive. *Immer bei Veranstaltungen und schönem Wetter, aktuelle Infos auf der Website | Speicherstr. 90 | Tel. 0231 14 24 10 | herr-walter.de | €* | 0

WELLNESS

REVIERPARK WISCHLINGEN

Stress ade! Das Freizeitbad bietet nicht nur eine große Saunalandschaft, ein Thermal-Solebecken und ein Freibad, sondern liegt auch wunderschön in einem Park mit altem Baumbestand, Natursee und Hochseilklettergarten. *Tgl. 9–22.30 Uhr | Höfkerstr. 12 | wischlingen.de* | 0

AUSGEHEN & FEIERN

DOMICIL

Das Programm des Jazzclubs in downtown Dortmund reicht von der kostenfreien Clubnacht über Gigs, Festivals und Konzerte bis zu Kabarett. In der Jazzbar mixt dir der Keeper – ganz sex-in-the-city-like – einen Cosmopolitan. Er zapft dir aber natürlich auch ein frisches Hövels. *Mo und Mi–Sa ab 18.30 Uhr und bei Veranstaltungen | Hansastr. 7–11 | Tel. 0231 8 62 90 30 | domicil-dortmund.de | €–€€ | k3*

KONZERTHAUS DORTMUND

Das Konzerthaus in der Innenstadt hat Konzerte auf internationalem Niveau im Programm. Das *Restaurant Stravinski (So/Mo geschl. | €–€€)* serviert zeitgemäße deutsche Küche mit mediterranen Einflüssen für den schnellen Pausensnack oder als mehrgängiges Menü. Mehrmals im Jahr öffentliche, kostenlose Hausführungen. *Brückstr. 21 | Tel. 0231 22 69 62 00 | konzerthaus-dortmund.de | k3*

DEPOT

Eine ehemalige Straßenbahnwerkstatt ist zum Kulturzentrum geworden. Hier stellt eine Gruppe junger Filmenthusiasten die Multiplex-Kinowelt auf den Kopf: Im Kino *Sweet Sixteen* kommen internationale Produktionen in feinster analoger Qualität auf die Kinoleinwand. Auch Theater der freien Szene, Werkstätten, Galerien und Gastronomie mit schickem Werkstouch gehören zum Depot. *Gastronomie Di–Sa ab 18 Uhr | Immermannstr. 29 | Tel. 0231 90 08 06 | depotdortmund.de, sweetsixteen-kino.de | 0*

INSIDER-TIPP
Bekennende Cinephile

CABARET QUEUE

Eine der renommiertesten Kleinkunstbühnen des Reviers feierte 2022 ihre Wiedereröffnung. Das Programm bleibt hochkarätig: Kabarett, Comedy und Musik. *Hermannstr. 74 | Tel. 0151 46 24 56 11 | cabaretqueue.de | 0*

BOCHUM

(G–H5) **Bochum (370 000 Ew.) ist keine Schönheit und erst recht keine Weltstadt, aber es ist die „Blume im Revier". So sah Herbert Grönemeyer seine Heimatstadt, der er 1984 ein Denkmal gesetzt hat: „Tief im Westen / wo die Sonne verstaubt / ist es besser / viel besser, als man glaubt."**

In der Tat bietet Bochum viel mehr, als man bei der Ankunft am Hauptbahnhof zunächst glauben mag. Als Ruhrmetropole zeigt die Stadt dir ein vielfältiges Kultur- und Freizeitangebot, einen grünen Süden – und mit dem Bermuda-Dreieck zwischen Südring und Konrad-Adenauer-Platz auch ein äußerst lebendiges Restaurant- und Kneipenviertel.

WOHIN ZUERST?

Ins **Bergbau-Museum** *(b2)* – von dort sind es dann über die Bergstraße 15 Minuten in die Innenstadt zur Fußgängerzone Kortumstraße, die weiter bis ins Bermuda-Dreieck und zum Schauspielhaus führt. Parkplätze gibt es rund ums Museum, mit der U-Bahn sind es zwei Stationen vom Hauptbahnhof.

SIGHTSEEING

DEUTSCHES BERGBAU-MUSEUM ★

Weithin sichtbar grüßt das Fördergerüst der ehemaligen Zeche Germania über diesem Museum. Mit dem Förderkorb kannst du hinauffahren. Eine besondere Attraktion ist das Anschauungsbergwerk unter dem Museum mit einem Streckennetz von ca. 2½ km Länge. *Di–So 9.30–17.30, 1. Do im Monat bis 20.30 Uhr | Am Bergbaumuseum 28 | bergbaumuseum.de | 3 Std. | b2*

JAHRHUNDERTHALLE

Von außen wirkt sie fast unscheinbar, doch wer sie einmal betreten hat, kann sich ihrem ganz besonderen Zauber nicht mehr entziehen: Wie eine gotische Kirche mutet der Industriebau mit seiner Konstruktion aus stählernen Streben an. 1902 als repräsentative Ausstellungshalle gebaut, wurde die Halle anschließend als Gebläsehalle für Hochöfen genutzt. Seit 2003 wird die ca. 9000 m² große Halle als Festspielhaus für die Ruhr-Triennale genutzt. Die Rasenflächen des *Westparks*, der die Halle umrahmt, sind ein beliebtes Naherholungsgebiet. *Nur bei Veranstaltungen geöffnet | An der Jahrhunderthalle 1 | jahrhunderthalle-bochum.de | a3*

DAHLHAUSER HEIDE

Diese Wohnsiedlung mit dörflichem Charakter im nördlichen Stadtteil Hordel wurde 1907–15 für die Bergleute der Krupp-Zechen Hannover und Hannibal errichtet. Der offizielle Name kommt von der Lage am früheren Rittergut Dahlhausen, die an vorindustrielle Bauformen angelehnte Architektur orientiert sich an der englischen Gartenstadtsiedlung. *Anfahrt über Hordeler Heide | 0*

Viel Raum für Kultur, viel Industriecharme: Jahrhunderthalle in Bochum

LWL-INDUSTRIEMUSEUM ZECHE HANNOVER

Einer Ritterburg ähnelt diese Bochumer Zeche. Statt Kohle wird hier in kostenlosen Ausstellungen und bei Veranstaltungen inzwischen Kultur gefördert. Kinder können in der *Zeche Knirps* nebenan noch einmal alles nachspielen: Den Kids wird bei einer „Schicht" im Teamwork der Betrieb ei-

Ruhrpottküche mit Krönchen: Im Profi-Grill in Bochum steht ein Sternekoch am Herd

ner Zeche vermittelt. *April–Okt. Mi–Sa 14–18, So 11–18 Uhr | Günnigfelder Str. 251 | Tel. 0234 28 25 39 11 | zeche-hannover.de | 2 Std. | 0*

EISENBAHNMUSEUM

Das größte private Eisenbahnmuseum Deutschlands befindet sich in einem ehemaligen Bahnbetriebswerk in Dahlhausen – mit Diesel- und E-Loks, Personen- und Güterwagen. Regelmäßiger Fahrbetrieb. *März–Mitte Nov. Di–Fr und So 10–17 Uhr | Dr.-C.-Otto-Str. 191 | eisenbahnmuseum-bochum.de | 1 Std. | 0*

ESSEN & TRINKEN

LIVINGROOM

Mit 450 m² das größte Wohnzimmer Bochums mitten in der Innenstadt; elegantes, modernes Ambiente, internationale Gerichte der Sonderklasse, exzellente Weinkarte. Probier mal die Essbretter mit drei ausgefallenen Kleinigkeiten wie in Pankomehl gebratene Blutwurst, Kalbfleischpflanzerl oder sautierte Jakobsmuschel. *So geschl. | Luisenstr. 9–13 | Tel. 0234 9 53 56 85 | livingroom-bochum.de | €€ | b4*

INSIDER-TIPP
Tapas mit Ruhrpott-Charme

PROFI-GRILL

Der ehemalige Sternekoch Raimund Ostendorp präsentiert in seinem Imbiss eine herrlich unaufgeregte Alltagskochkultur. Denn was auf der Karte als Currywurst mit Pommes frites noch wenig spektakulär daherkommt, entpuppt sich schnell als frische Kartoffelsticks, Wurst vom Metzger und Sauce nach eigenem Rezept. Ohne viel Chichi, einfach nur ehrlich und lecker. *Tgl. | Bochumer Str. 96 | Tel. 02327 82361 | profi-grill.de | € | 🕮 0*

SPORT & SPASS

BOTANISCHER GARTEN

Im Botanischen Garten der Ruhr-Uni Bochum wachsen Blumen, Sträucher und Bäume aus aller Welt. Zur kostenlosen Erholung lädt auch der meditative chinesische Garten ein. Südlich des Geländes liegen das *Lottental* und der *Kemnader See*. *April–Okt. tgl. 9–18, Nov.–März 9–16 Uhr | Universitätsstr. 150 | boga.ruhr-uni-bochum.de | 🕮 0*

AUSGEHEN & FEIERN

BERMUDA3ECK

Das wohl bekannteste Kneipenviertel im Ruhrgebiet. Die Vielfalt ist überwältigend und die Kneipendichte erstaunlich. Südwestlich des Hauptbahnhofs kannst du zwischen Südring und Konrad-Adenauer-Platz eine einzigartige Mischung aus Kultur, Einkaufen und Ausgehen erleben. *bermuda3eck.de | 🕮 b4*

SCHAUSPIELHAUS BOCHUM

Theaterpersönlichkeiten wie Peter Zadek, Claus Peymann, Leander Haussmann und Anselm Weber waren und sind Garanten für die Qualität des viel gerühmten Theaters an der Königsallee, das nicht nur mit seinem Ensemble, sondern auch mit bundesweit bekannten Kabarettgästen und dem Programm des Jungen Schauspielhauses glänzt. *Königsallee 15 | 0234 33335555 | schauspielhausbochum.de | 🕮 b5*

ESSEN

(🕮 F–G 5–6) **Essen ist eine Stadt (588 000 Ew.) mit zwei Gesichtern: Das Nordgesicht ist auch heute noch gezeichnet vom Bergbau, obwohl hier bereits 1986 der Deckel auf den letzten Pütt kam.**

Noch immer überragen Schornsteine und Fördergerüste der Zeche Zollverein die Stadt, aber sie sind zu Symbolen für einen Neuanfang geworden. Das Südgesicht Essens ist der Ruhr zugewandt: Wäldchen, sanfte Hänge über dem Fluss, Villenviertel. Die Fachwerkorte Werden und Kettwig bilden den südlichen Rand dieser kontrastreichen Stadt.

In der Mitte liegt Essens Dienstleistungszentrum mit den typischen Einkaufsstraßen. Nicht zu übersehen sind die Bürotürme großer Konzerne, die sich zu einer protzigen Skyline formieren: Die Kulturhauptstadt 2010 demonstriert nicht nur hier, dass sie schon lange keine Bergbaustadt mehr ist.

WOHIN ZUERST?

Vom **Hauptbahnhof** *(🕮 F5)* sind es nur fünf Minuten in die Fußgängerzone Kettwigerstraße, die zum Dom führt; auf der anderen Bahnhofsseite sind es über Huyssenallee und Stadtgarten 15–20 Minuten zum Museum Folkwang. Parkhäuser und Parkplätze gibt es rund um den Hauptbahnhof, U- und S-Bahn-Stationen ebenso.

SIGHTSEEING

DOMSCHATZ

Die Schatzkammer des *Essener Münsters* birgt sakrale Kostbarkeiten von außerordentlicher kunst- und kirchengeschichtlicher Bedeutung. Besondere Verehrung wird der um das Jahr 980 entstandenen Goldenen Madonna zuteil, der ältesten vollplastischen Marienfigur des Abendlands. *Di–So 11–17 Uhr (an kirchlichen Feiertagen geschl.) | Burgplatz 2 | domschatz-essen.de | 1 Std.*

MUSEUM FOLKWANG ★

2022 feierte das Museum sein 100-jähriges Bestehen – und sein Erfolgskonzept: Das Haus verbindet seine Dauerausstellungen mit thematisch aktuellen Sonderausstellungen. Berühmt ist das Museum für seine Sammlung deutscher und französischer Malerei des 19. Jhs.

Zum Haus gehört auch das *Deutsche Plakat-Museum:* Aus einem Fundus von mehr als 350 000 Plakaten aus Politik, Wirtschaft und Kultur werden immer wieder spannende Sonderausstellungen bestückt. Ein weiterer Schatz ist die *Fotografische Sammlung* mit mehr als 65 000 Fotografien von ca. 1300 Fotografen des 19.–21. Jhs. *Di–So 10–18, Do/Fr bis 20 Uhr | Museumsplatz 1 | museum-folkwang.de | 3 Std.*

MARGARETHENHÖHE

Eine mustergültige Gartenstadt! Namensgeberin und Stifterin war Margarethe Krupp. Gebaut wurde dieses südländisch anmutende Gesamtkunstwerk des Wohnungsbaus ab 1909. Wechselnde Straßenbilder, Laubengänge, Gärten, begrünte Häuschen, ein Marktplatz mit Brunnen auf 115 ha Fläche, von denen 50 ha Grünfläche sind. *Zugang über die Sommerburgstraße | Führungen: Tel. 0201 80095095 | die-bürgerschaft-margarethenhöhe.de | ⏲ 3 Std.*

VILLA HÜGEL ★

Wusstest du, dass Alfred Krupp eine Allee aufkaufte, um die Bäume in seinen Garten zu pflanzen? Ein bisschen dekadent, aber gelohnt hat es sich, denn das Anwesen darf man bis heute getrost mehr Schloss als Villa nennen. Das Bauwerk mit seinen 8100 m² Wohnfläche samt diverser Nebengebäude ist eingebettet in einen 28 ha großen, alten Park, der zur Ruhr hin abfällt. Für Kulturinteressierte sehenswert: die historische Ausstellung zur Geschichte der Familie Krupp sowie die wechselnden Ausstellungen zu kunst- und kulturhistorischen Themen. Bei Konzerten und großen Ausstellungen erstrahlen auch die Säle in ihrer vollen Pracht. *Di–So 10–18, Park 9.30–19 Uhr | Hügel 1 | Besucherdienst Tel. 0201 6162917 | villahuegel.de | ⏲ 2 Std.*

KOKEREI & ZECHE ZOLLVEREIN

Die Anlagen der ★ *Zeche Zollverein* und der gleichnamigen Kokerei gehören zum Unesco-Weltkulturerbe. Der Anblick des riesigen Doppelbock-Fördergerüsts von Schacht 12 der Zeche ist für Ruhrgebietsanfänger überwältigend. Umgeben ist der Turm von denkmalgeschützter Architektur: Gebäudekuben aus Stahlfachwerk und Backstein, sehr schlicht, sehr elegant, sehr funktional. 1928–32 wurde diese Kathedrale der Industriekultur errichtet. Bei der Eröffnung war sie die größte und modernste Zeche der Welt. In alle Hallen ist mittlerweile neues Leben eingekehrt: Das *Besucherzentrum für die Route der Industriekultur* befindet sich in der ehemaligen Kohlenwäsche. Im *Red Dot Design Museum (Di–So 11–18 Uhr | red-dot-design-museum.de | ⏲ 1 Std.),* untergebracht im alten Kesselhaus, ist preisgekröntes Produktdesign ausgestellt – vom Besteck über die Sägemaschine bis zur Badezimmerkeramik.

Fast 1 km lang ist die Anlage der *Kokerei (Arendahls Wiese)* – ein recht junges Industriedenkmal, wurde sie doch erst 1993 stillgelegt, nach gut 30 Jahren Betrieb. In 304 aneinandergereihten Koksöfen wurde Kohle rund 24 Stunden lang bei über 1000 Grad „gebacken", um so Koks als wichtigen Grundstoff für die Roheisenproduktion herzustellen. Fast 100 m hoch sind die Schornsteine. Die alten, siloartigen Bunker sind heute Ausstellungsfläche. Der Besuch lohnt, wenn gerade eine Ausstellung läuft; oder du machst einen geführten Rundgang. Nachts verwandelt sich diese Landmarke durch Beleuchtung in eine rot glühende Skulptur. Im Sommer lädt ein Minifreibad in Containern im Schatten der Schornsteine zum Sprung

Zeche Zollverein: auf der Rolltreppe durch die ehemalige Kohlenwäsche

ins kühle Nass ein. Im Winter wird das 600 m lange Wasserbecken unterhalb der Koksofenbatterie zu einer Schlittschuhbahn.

Nur ein einziger Abschnitt der Zeche ist so gut wie unverändert geblieben: der Wagenumlauf unter dem Förderturm, heute *Museumspfad Zollverein.* Hier liegt noch Kohle in der Luft. Besser als in Begleitung eines echten alten Bergmanns lässt sich die Kohlevergangenheit kaum wieder zum Leben erwecken, also solltest du unbedingt eine Führung buchen.

Moderner Tanz mit sehenswerten Programmen ist ebenfalls auf dem Gelände zu sehen *(Pact Zollverein – Performing Arts Choreographisches Zentrum NRW | Bullmannaue 20a | Tel. 0201 2894700 | pact-zollverein.de):* Internationale Aufführungen, offene Profitrainings und vieles mehr sind für Tanzfans ein Muss. *Gelsenkirchener Str. 181 | Tel. 0201 246810 | zollverein.de |* *F5*

RUHR MUSEUM

Naturhistorie trifft Kulturgeschichte. Dafür kann es keinen besseren Platz als den Ort geben, wo der Rohstoff zur Ressource wurde: In der Kohlenwäsche auf Zollverein erzählt das Museum mit seinem in mehr als 100 Jahren gewachsenen Sammlungsbestand die faszinierende Geschichte einer der größten Industrieregionen der Welt. *Tgl. 10–18 Uhr | Gelsenkirchener Str. 181 | ruhrmuseum.de |* *3 Std.*

PHÄNOMANIA ERFAHRUNGSFELD

Riechen, schmecken, tasten, lauschen, fühlen: An über 120 Experimentierstationen im Innen- und Außenbereich erforschen kleine und große Besucher spielerisch die Welt der Wissenschaften, physikalischen Phänomene und menschlichen Sinne. *Sa/So, in den NRM-Schulferien tgl. 10–17 Uhr | Dornbuschhegge/Am Handwerkerpark 8–10 | erfahrungsfeld.de |* *2½ Std.*

SCHURENBACHHALDE

Kein Geringerer als der US-amerikanische Künstler Richard Serra hat das kahle, schwarze, gewölbte Gipfelplateau der Halde in Altenessen mit einer Skulptur veredelt: Die Bramme aus Stahl ragt 15 m aus dem Boden in den Himmel. Bei klarem Wetter bietet die Halde eine wunderbare Aussicht. Sie ist von der Emscherstraße aus bequem über eine Stahltreppe zu erreichen.

ESSEN & TRINKEN

AMPÜTTE

Eine Institution im Essener Kneipenleben: Die Ampütte wurde 1901 gegründet und ist immer noch ein Familienunternehmen. Der Clou: Am Wochenende kannst du Schnitzel, halbe Hähnchen oder Currywurst bis 4 Uhr morgens bestellen. *So geschl. | Rüttenscheider Str. 42 | Tel. 0201 77 55 72 | ampuette-essen.de | €*

MÜLLERS AUF DER RÜ & RESTAURANT SCHOTE

Nelson Müller ist ein Tausendsassa. Fernsehkoch, Musiker, Buchautor – und eben auch Restaurantbesitzer im lebhaften Essener Stadtteil Rüttenscheid. 2019 vereinte er sein Sternerestaurant *Schote Gourmet (So/Mo und mittags geschl. | Tel. 0201 78 01 07 | €€€)* und das Bistro *Müllers auf der Rü (So geschl. | Tel. 0201 79 93 77 01 | €€)* in einem Gebäude. Eine prima Möglichkeit, seine Schwellenangst vor Sternegastronomie zu überwinden – zwischen Bratwurst vom Livar-Klosterschwein und geschmorten Kalbsbäckchen mit Fichtennadeln. *Rüttenscheider Str. 62 | nelson-mueller.de*

INSIDER-TIPP
Bratwurst de luxe

CASINO ZOLLVEREIN

Um dich herum Industriecharme, auf dem Teller anspruchsvolle Ruhrpottkulinarik. In einer spektakulären Kulisse erlebst du Gerichte, die scheinbar mühelos den Bogen zwischen Tradition und Moderne spannen. Gerichte wie Ruhrpott-Currywurst, geschmorte Ochsenbäckchen und Filet vom Landschwein sind nicht nur geschmacklich, sondern auch optisch ein Genuss. Tipp: der Sommergarten! *Mo geschl. | Gelsenkirchener Str. 181 (Schacht XII/ Halle A9) | Tel. 0201 83 02 40 | casino-zollverein.de | €€–€€€*

HANNAPPEL

Das Restaurant rangiert in den Gourmetführern auf vorderen Plätzen: Die Küche vom Duo Knut Hannappel/Tobias Weyers gehört zu den besten des Reviers und die Wandlung einer ehemaligen Eckkneipe zu einem Spitzenrestaurant ist gelungen. *Mo/Di geschl. | Dahlhauser Str. 173 | Tel. 0201 53 45 06 | restaurant-hannappel.de | €€€*

SPORT & SPASS

GRUGAPARK

Ein würdevoller alter Park, der 1929 aus der „Großen Ruhrländischen Gartenbauausstellung" hervorging. Rosenrabatten, Tulpen- oder Dahlienbeete und Gewächshäuser erstrecken sich hinter der großen Veranstaltungshalle der Gruga. Auch sonst gibts eine Menge zu sehen: das Hundertwasserhaus mit goldenem Zwiebeltürmchen, die Modellbahnausstellung *Oktorail (oktorail.de)*, die lichtdurchfluteten Orangerie-Hallen und auch einen

Immer gerammelt voll, nicht nur bei Events: Club Hotel Shanghai

Kleintiergarten mit historischen Nutztierrassen. *Tgl. 7.30 Uhr–Einbruch der Dunkelheit | Haupteingang Messeplatz | grugapark.de*

BALDENEYSEE

Im Essener Süden ist die Ruhr gestaut: Rund um den Baldeneysee lässt es sich herrlich skaten und Rad fahren. Die durchgängig geteerten Straßen am Südufer eignen sich dafür am besten. Toll wandern kannst du auf dem seit einigen Jahren neu ausgebauten *Baldeneysteig*, der dir als Rundwanderweg tolle Ausblicke beschert. Du willst den allerallerschönsten Blick auf den See? Dann ist die *Korte Klippe* ein echter Geheimtipp. Zu ihr gelangst du auf einem kleinen Seitenweg vom Jagdhaus Schellenberg aus. Oben blickst du schließlich einen schwindelerregend steilen Hang hinab, der bis zum Baldeneysee geht.

INSIDER-TIPP
Dem Himmel so nah

Wenn du dich nach all den Aktivitäten erholen möchtest, besuch das Strandbad *Seaside Beach Baldeney (seasidebeach.de)*. Hier kannst du außerdem Beachvolleyball spielen, den Naturseilgarten erklimmen, einen Windsurfkurs belegen oder einmal das Stand-up-Paddeln ausprobieren.
Oder doch lieber Kanu fahren? Auf dem See geht fast alles – eine besonders schöne kleine Schiffsreise ist die etwa sechsstündige Fünf-Schleusen-Fahrt zwischen Rhein-Herne-Kanal und Baldeneysee mit der *Weißen Flotte (Anleger: Hügel, Strandbad, Heisingen, Scheppen, Kupferdreh, Kettwig oder Wehr | Tel. 0201 1 85 79 90 | baldeneysee.com). baldeneysee.de*

AUSGEHEN & FEIERN

HOTEL SHANGHAI

Dies ist wohl die beste Adresse für elektronische Musik im Ruhrgebiet. Auf der Tanzfläche trifft Joggingbuxe auf Lackkleid, während namhafte DJs hinter den Turntables stehen. Das Ergebnis: legendäre Abende mit unbekanntem Ende. *Fr/Sa ab 23 Uhr | Steeler Str. 33 | hotelshanghai.de*

AALTO-THEATER

Nach Plänen des weltberühmten finnischen Architekten Alvar Aalto errichtet und Spielort der Essener Oper, einer der besten Deutschlands. *Opernplatz 10 | Tel. 0201 8 12 22 00 | aalto-musiktheater.de*

PHILHARMONIE ESSEN

Internationale Künstler gastieren in diesem Konzerthaus, das eine ausgezeichnete Akustik auf allen 1900 Plätzen besitzt. *Huyssenallee 53 | Tel. 0201 8 12 22 00 | philharmonie-essen.de*

„RÜ"

So nennen die Essener liebevoll die Rüttenscheider Straße. Alteingesessene und ganz neue Kneipen – hier trifft sich die Essener Szene jedes Alters.

FOLKWANG UNIVERSITÄT DER KÜNSTE

Aus dieser Hochschule sind berühmte Tänzer, Regisseure und Musiker hervorgegangen – Pina Bausch ist vielleicht die Berühmteste. In der ehemaligen Werdener Abtei gelegen, wird in der Aula, im Kammermusiksaal und im Schauspielstudio Programm geboten. *Klemensborn 39 | Tel. 0201 4 90 32 31 | folkwang-hochschule.de*

ZECHE CARL

Malakowturm, Maschinenhalle und Casinogebäude stehen noch und haben sich den Ruf eines überregional bekannten jungen Kulturzentrums erworben, mit Kneipe, Disco und Konzerten. Das Restaurant *Malakow (Mo geschl. | Tel. 0201 8 34 44 22 | zechecarl.de | €)* bietet eine leckere Bistroküche, auch mit tollem vegetarischem und veganem Angebot. *Wilhelm-Nieswandt-Allee 100 | Tel. 0201 8 34 44 10 | zechecarl.de*

MÜLHEIM

(🕮 E6) **Mülheim (172 000 Ew.) und die Ruhr, das ist eine Symbiose, die schon seit Jahrhunderten besteht.** Die Stadt am Fluss hat ihre industrielle Laufbahn schon viel früher als die anderen Ruhrgebietsstädte begonnen, etwa ab dem Jahr 1770. Die Ruhr war schiffbar, an den Ufern standen die Mühlen, die der Stadt ihren Namen gaben, und nicht zuletzt nutzte die Leder- und Textilindustrie das Flusswasser. Mülheims Zukunft ist daher konsequent auch ans Wasser gebaut: Leben und Arbeiten in Flussnähe sind angesagt und werden planvoll erweitert. In den letzten Jahren bereicherten Projekte wie das Ruhrquartier, das Stadtquartier Schloßstraße und die Ruhrbania-Ruhrpromenade das Stadtbild.

Gerade die Kombination aus neuen, innovativen Ideen und beschaulichen Ecken in der Altstadt mit ihren verwinkelten Straßen, bergischen Fachwerkhäusern, Gaststätten und hübschen kleinen Geschäften machen Mülheims Charme aus. Besonders schön kannst du die Vielfalt natürlich vom Wasser aus beobachten. Schiffsfahrten mit der Weißen Flotte sind dafür ideal.

SIGHTSEEING

HAUS RUHRNATUR

Hier geht es um die Natur, die seit einiger Zeit dabei ist, ins Ruhrtal zurückzukehren. Das Museum bereitet ein spannendes Stück Naturgeschichte und die (Aus-)Nutzung des Flusses durch die Menschen und ihre Industrie auf. *Di–So 10–18 Uhr | Alte Schleuse 3 | haus-ruhrnatur.de | 2 Std.*

Aus Wasserturm wurde Wassermuseum und auch der Name passt: Aquarius

LEDER- UND GERBERMUSEUM

In der ehemaligen Lederfabrik informiert das Museum mit Dokumentationen, Werkzeugen und Filmen über die 350 Jahre alte Tradition des Mülheimer Gerberhandwerks. Du kannst dich während eines Workshops auch selbst in diesem Handwerk versuchen. *Mi/Do 9–13, Fr–So 14–18 Uhr | Düsseldorfer Str. 269 | leder-und-gerbermuseum.de*

MÜGA-PARK

Wie auf einer Perlenkette aufgefädelt liegen die wichtigsten Sehenswürdigkeiten an diesem großen Park, der zur Mülheimer Landesgartenschau von 1992 entstand. So ist das alte *Schloss Styrum* mit seinem historischen Barockgarten dessen nördlicher Endpunkt. Bei einem Spazierweg durch die Auen der Ruhr erreichst du *Schloss Broich* aus spätkarolingischer Zeit, die älteste erhaltene Burganlage nördlich der Alpen. Im Sommer ist der Schlosshof ein beliebter Veranstaltungsort.
Wer hoch hinauswill, der sollte das *Aquarius-Wassermuseum (Di–So 10–18 Uhr | Burgstr. 70 | aquarius-wassermuseum.de | 2 Std.)* besuchen. Untergebracht in einem alten Wasserturm, führt dich ausgefeilte interaktive Multimediatechnik an Themen wie Trinkwasserversorgung, Wasserwirtschaft und Ökologie heran.

ESSEN & TRINKEN

MAUSEFALLE

Gutbürgerlich, aber mit Stil: Im historischen Fachwerkhaus in der Altstadt präsentiert Hendrik Peek regionale und saisonale Speisen nach dem Motto „Was wir nicht selber machen, bieten wir nicht an." Soweit möglich, wachsen bei Peek die Kräuter und Gemüse für seine Gerichte auf dem eigenen Acker, z. B. Möhren, Zwiebeln, Topinambur oder auch Beifuß für die Martinsgans im November. *Di geschl. | Bogenstr. 8 | Tel. 0208 3 05 98 60 | mausefalle muelheim.de | €€*

INSIDER-TIPP
Vom Feld auf den Teller

FRANKY'S WASSERBAHNHOF MINTARD

Nach dem Abschied von der Schleuseninsel hat Franky's nun im Mintarder Wasserbahnhof ein neues Zuhause gefunden, lockt aber weiterhin mit kreativen Gaumengenüssen – gerne auch auf der Außenterrasse oder in einem der Liegestühle direkt an der Ruhr. *Mo/Di geschl. | August-Thyssen-Str. 129 | Tel. 02054 7272 | frankys-wasserbahnhof.de | €€*

AM KAMIN

Das Restaurant gehört seit Jahren zu den Topadressen der Stadt. Der neue Küchenchef Hans Lange Rodriguez ist Sohn einer bolivianischen Mutter und eines deutschen Vaters – das spiegelt sich auch auf dem Teller wider. *So/Mo geschl. | Striepensweg 62 | Tel. 0208 76 00 36 | restaurant-amkamin.de | €€–€€€*

SPORT & SPASS

SUP AUF DER RUHR

Besonders schön fährt es sich auf dem Stand-up-Board zwischen Florabrücke und Mülheimer Innenstadt. Ein Board kannst du bei *Glück auf SUP (Delle 45 | Tel. 0179 1 05 47 80 | glueckauf-sup.de)* leihen. *Einstieg Florabrücke: Ecke Mendener Str./Dohne*

DIE RUHR PER SCHIFF

Hier an der Ruhr zeigt sich das Revier von seiner grünsten Seite. Von Frühjahr bis Herbst nehmen die Schiffe der *Weißen Flotte (Tel. 0208 4 55 81 30 | muelheim-tourismus.de)* Kurs auf alles Interessante entlang der Ruhrufer bis nach Essen-Kettwig: den alten Ruhrlauf mit den Lederfabriken, das Kloster Saarn, die gigantische Ruhrtalbrücke der A 52, das Dorf Mintard oder das Wasserschloss Hugenpoet. Ein- und Aussteigen ist an vier Anlegestellen möglich, Heimathafen ist der Wasserbahnhof auf der Mülheimer Schleuseninsel. Es gibt auch eine Alternative: auf einem Wikingerschiff-Nachbau die Ruhr erleben! Solche Touren sind buchbar bei der *Mülheimer Stadtmarketing und Tourismus GmbH (Tel. 0208 9 60 96 46).*

AUSGEHEN & FEIERN

STADTHALLE

Im geschichtsträchtigen Gebäude direkt an der Ruhr finden unter anderem jedes Jahr im Mai die „Stücke" statt mit neuen Autoren und innovativen Inszenierungen. *Theodor-Heuss-Platz 1 | Tel. 0208 9 40 96 10 | stadthalle-muelheim.de*

RINGLOKSCHUPPEN

Ein ehemaliges Bahndepot zeigt sich hier als interessante Location für Thea-

Frühling an der Ruhr: eine gute Zeit für eine Fahrt mit den Schiffen der Weißen Flotte

ter, Konzerte und Kabarett. Die Drehscheibe wurde zu einer einzigartigen Open-Air-Bühne umfunktioniert. An den großen Biergarten schließt sich ein Parkgelände an. *Ronja (Mo geschl. | Tel. 0208 44 46 93 44 | restaurant-ronja.de)* nennt sich das hier beheimatete vegetarisch-vegane Restaurant mit abwechslungsreicher Wochenkarte. *Am Schloss Broich 38 | Tel. 0208 99 31 60 | ringlokschuppen.de*

THEATER AN DER RUHR

Regisseur Roberto Ciulli und Dramaturg Helmut Schäfer gründeten dieses Theater mit dem Wunsch, eine neue Form der Kultur – auf und auch außerhalb der Bühne – zu schaffen. Das Ensemble arbeitet immer noch am Puls der Zeit und zeigt sich weltoffen und multinational. *Akazienallee 61 | Tel. 0208 5 99 01 88 | theater-an-der-ruhr.de*

DUISBURG

(🕮 D 5–6) **„Die Stadt am Rhein!" So kurz und knapp wirbt Duisburg (502 000 Ew.) für sich. Denn Werden und Wandel der Stadt sind eng mit diesem Strom verbunden.**

Die Stadt war einst ein bedeutender Handelsstandort, dessen Entwicklung Mitte des 13. Jhs. jäh gebremst wurde, als der Rhein nach einem Hochwasser sein Bett 4 km nach Westen verlagerte. Erst mit der beginnenden Industrialisierung 1826 wurde das alte Flussbett für einen Kanalanschluss an den Rhein ausgebaut. Heute hat Duisburg den größten Binnenhafen Europas. Wie sich das Bild eines Hafens wandeln kann, präsentiert der schick ausgebaute Innenhafen mit Museum und Gastronomie. Nördlich der A42

am Rhein, da zeigt Duisburg, wie es im gesamten Ruhrgebiet ausgesehen hat: Weite Landstriche sind geprägt von der Schwerindustrie. Die Alsumer Straße führt direkt hindurch: Kühltürme flankieren den Weg, gigantische Rohrleitungen überbrücken die Straßen. Ein guter Aussichtspunkt ist der *Alsumer Berg,* der 1954 aus Schutt aufgehäuft wurde. Und auch die vielleicht spektakulärste Landmarke des Ruhrgebiets befindet sich in Duisburg: die Skulptur Tiger & Turtle in Form einer Achterbahn auf der Heinrich-Hildebrand-Höhe.

SIGHTSEEING

INNENHAFEN DUISBURG

Bis Anfang der 1990er-Jahre standen hier nur vergammelte Speichergebäude. Das Bild heute: Motoryachten in der Marina, eine Promenade mit einem reichhaltigen gastronomischen Angebot auf der Kaimauer, die alten Ziegelspeicher werden fast alle neu genutzt. Jenseits des Hafendamms liegt einer der wohl ungewöhnlichsten Parks der Moderne: der *Garten der Erinnerung,* entwickelt vom 2021 gestorbenen israelischen Künstler Dani Karavan. Den Garten zieren Grünflächen, Bäume und Reste der ehemaligen, abgerissenen Lagerhallen. Highlight für Architekturfreaks: das von Zvi Hecker entworfene *Jüdische Gemeindezentrum* mit seinen fünf Betonarmen. Nachts ist der ganze Stadtteil wunderschön illuminiert. *innenhafen-portal.de*

MUSEUM KÜPPERSMÜHLE

Hier sind die verschiedenen Strömungen der deutschen Malerei seit den 1960er-Jahren unter dem Dach des historischen Mühlengebäudes am Innenhafen versammelt – eine repräsentative Sammlung zur Gegenwartskunst. *Mi 14–18, Do–So 11–18 Uhr | Philosophenweg 55 | museum-kueppersmuehle.de |* ⏲ *2 Std.*

WOHIN ZUERST?

Als Erstes gehts zum **Innenhafen** *(D6);* von dort sind es über Schwanentor, Schwanen- und Königstraße 20–30 Minuten zum Hauptbahnhof und zum Lehmbruck-Museum. Parkhäuser und Parkplätze gibt es rund um den Innenhafen, U-Bahn-Stationen an der Königstraße (König-Heinrich-Platz) und am Hauptbahnhof.

Eine Achterbahn, die entschleunigt: die begehbare Skulptur Tiger & Turtle

LEHMBRUCK-MUSEUM

In Park und Gebäude werden eine Sammlung internationaler Skulpturen des 20. Jhs. und das Werk des expressionistischen Bildhauers und Grafikers Wilhelm Lehmbruck (1881–1919) gezeigt. *Di–Fr 12–17, Sa/So 11–17 Uhr | Friedrich-Wilhelm-Str. 40 | lehmbruck museum.de | 2 Std.*

MUSEUM DER DEUTSCHEN BINNENSCHIFFFAHRT

Schifffahrtsgeschichte von der Steinzeit bis zur Gegenwart als multimediales Erlebnis: Anhand von Modellen, Exponaten und Nachbauten erhältst du einen umfassenden Blick auf die Technik-, Wirtschafts- und Sozialgeschichte der Binnenschifffahrt. *Di–So 10–17 Uhr | Apostelstr. 84 | binnen schifffahrtsmuseum.de | 2 Std.*

LANDSCHAFTSPARK DUISBURG-NORD ★

Angelegt rund um ein 1985 stillgelegtes Hochofenwerk, ist das der verrückteste Park, den du dir vorstellen kannst: Die alte Gebläsehalle wird

jetzt als Konzert- und Theatersaal genutzt; die Kraftzentrale, eine der größten Hallen des Ruhrgebiets, wird mit aufwendigen Events bespielt. Der Alpenverein beklettert die bis zu 16 m hohen Betonwände der Bunker. Der Gasometer ist mit Wasser gefüllt und wird zum Tauchtraining genutzt.
Ansonsten gehst du in diesem Park einfach nur spazieren, z. B. auf dem industriegeschichtlichen Rundweg, der dir interessante Informationen über das Gestern und Heute veranschaulicht. Besuch auf jeden Fall auch den Hochofen 5 mit seinem begehbaren Aussichtsturm und einem weiten Blick über die Stadt, das Ruhrgebiet und den Niederrhein. Freitags, samstags und sonntags verwandelt sich die Silhouette des Hochofenwerks bei Einbruch der Dämmerung in eine bunte Lichtskulptur. Infos und Führungen beim *Besucherzentrum (Mo–Fr 9–18, Sa/So 11–18 Uhr | Tel. 0203 4 29 19 19). Landschaftspark rund um die Uhr geöffnet | Emscherstr. 71 | landschaftspark.de*

TIGER & TURTLE – MAGIC MOUNTAIN ★

Was soll denn das sein? Neue Bewohner in der Gelsenkirchener Zoom-Erlebniswelt? Ein Karatefilm in der Lichtburg Essen? Nichts von alledem: Tiger & Turtle ist eine beeindruckende Landmarke, eine Skulptur in Form einer Achterbahn, die auf den ersten Blick Tigertempo verspricht, aber dann doch nur den entschleunigten Gang einer Schildkröte zulässt. Wer sich traut, den belohnt das begehbare Kunstwerk mit einem weiten Blick über das Ruhrgebiet. *Anfahrt über Ehinger Str. oder Kaiserswerther Str.*

ESSEN & TRINKEN

FAKTOREI

Hier geben Fleischesser und Vegetarier gleichzeitig ein wohliges „Hmmm" von sich. Im edel-rustikalen Ambiente serviert Stefan Cammann gut bestückte Burger mit Fleisch aus traditioneller und artgerechter Zucht und köstliche Veggie-Burger, z. B. mit Büffelmozzarella und gegrilltem Gemüse. Wer keine Lust auf Luxushamburger hat, bestellt sich ein Black Angus Steak oder eine der üppigen Salatbowls. *So/Mo geschl. | Philosophenweg 21 | Tel. 0203 3 46 83 79 | faktorei.de | €€*

INSIDER-TIPP
Burger geht auch ohne Muh

WALSUMER HOF

Muscheln und Fisch satt im Schatten des Kohlekraftwerks! Das Restaurant hat das Flair einer alten Spelunke – mit sehr guter Küche. Eine Reservierung ist zu empfehlen, hier teilt man den Tisch auch schon mal mit anderen Gästen, wenn es eng wird. *Mo/Di geschl. | Rheinstr. 16 | Tel. 0203 49 14 54 | walsumerhof.de | €–€€*

SPORT & SPASS

SCHIMMI-TOUR

Schimmi – das ist Kult! Bei Nacht, per Rad oder mit dem Schiff auf Tatort-Suche: Die Touren zu den Originaldrehorten von Kommissar Schimanski sind ein Muss für Krimifans. Als Stärkung buch dir stilecht eine Currywurst oder die Grillaschtorte dazu. *Tel. 0211 3 85 82 15 | du-tours.de*

HAFENRUNDFAHRT

Auf 36 km Länge windet sich der Rhein durchs Duisburger Stadtgebiet, Jahr für Jahr laufen etwa 25 000 Schiffe den Hafen an, davon allein 1500 flussgängige Seeschiffe. Von April bis November fährt die Weiße Flotte Duisburg durch den Wasserteil der Stadt. Dabei erfährst du z. B., dass Duisburg mehr Brücken besitzt als Venedig. *Tel. 0203 7 13 96 67 | wf-duisburg.de*

AUSGEHEN & FEIERN

PULP

Schon seit 20 Jahren pilgern die Ritter der Nacht aus dem gesamten Ruhrgebiet am Wochenende zu diesem Eventschloss. Erst wird geschlemmt, dann ausgiebig getanzt. Von Charts bis HipHop, von Rock bis Metal – in den urigen Gemäuern und zwischen authentischer Deko feiert die wilde Schar bis zum Morgengrauen. Unter der Woche finden Konzerte und Rittermahle statt. *Fr/Sa Gastro ab 21, Disko ab 22 Uhr | Wanheimer Str. 231a | Tel. 0203 3 63 79 00 | pulp-duisburg.de*

OBERHAUSEN

(E5) **In Oberhausen (210 000 Ew.) liegen Alt und Neu, Vergangenheit und Zukunft dicht beieinander.**

Nur wenige, dafür aber markante bauliche Hinterlassenschaften der Montanzeit wie der Gasometer oder selbst eine ganze Fabrik, die ehemalige Zinkfabrik Altenberg, sind noch erhalten und werden jetzt auf eine ganz andere Art genutzt. Mit mindestens genauso großer Geschwindigkeit wie bei der Gründung der Stadt hat Oberhausen, das in seinen Anfängen aus verschiedenen Gemeinden bestand, eine neue Mitte gesucht – und auch gefunden. In den 1990er-Jahren entstand auf einer ehemaligen Industriebrache im Norden der Stadt die Neue Mitte Oberhausen mit dem Einkaufs- und Freizeitzentrum CentrO.

SIGHTSEEING

LUDWIGGALERIE SCHLOSS OBERHAUSEN

Das Museum in der barock-klassizistischen Schlossanlage Oberhausen zeigt Wechselausstellungen von der Antike bis zur Gegenwart und konzentriert sich dabei vor allem auf ungewöhnliche Objekte. In weiteren Galerien triffst du auf die Themen Comic, Cartoon und Fotografie. Die Landmarkengalerie schließlich stellt den Strukturwandel der Region in einen internationalen Kontext. *Di–So 11–18 Uhr | Konrad-Adenauer-Allee 46 | ludwiggalerie.de | 2 Std.*

GASOMETER ★

Ein absolutes Muss für Ruhrpott-Besucher! Die weithin sichtbare stählerne Tonne wurde 1929 als Speicher für Kokereigas erbaut, 1988 stillgelegt und zur wohl ungewöhnlichsten Ausstellungshalle Europas umgestaltet. Spektakuläre Projekte wie „The Wall" von Christo und Jeanne-Claude stellten Besucherrekorde auf und machten den Gasometer zu einem der bekanntesten Symbole des Ruhrgebiets. Von den Plattformen auf dem Dach dieser Industriekathedrale hast du aus 117 m Höhe einen atemraubenden Ausblick auf das westliche Ruhrgebiet. Im Inneren gibt es immer wieder außergewöhnliche Ausstellungen und nebenan das CentrO und die Ludwiggalerie. *Arenastr. 11 | gasometer.de | 3 Std.*

SEA LIFE

Schon einmal einen Baby-Hai aus der Nähe gesehen? Im Oberhausener Sea Life hast du diese einmalige Gelegenheit, denn hier befindet sich Deutschlands größte Haiaufzucht. Vorsicht, auch die Kleinen haben schon scharfe Zähne. Anderen Bewohnern dagegen darfst du im Berührungsbecken ganz nah kommen. Und das Glasbodenboot ermöglicht faszinierende Einblicke in die Welt der Rochen und Meeresschildkröten – ohne nasse Füße zu bekommen. *Tgl. 10–18.30 Uhr | Zum Aquarium 1 | sealife.de | 3 Std.*

HAUS RIPSHORST

INSIDER-TIPP
Zu Besuch bei sanften Riesen

Rund um das Haus Ripshorst warten spannende Einblicke in die Verknüpfung von Industrie und Natur. Der Gehölzgarten „Vom Urwald zum Kulturwald" beispielsweise führt dich auf eine Zeitreise durch die Geschichte des Baums. Starte beim Mammutbaum und drück einmal in die Rinde. Sie ist ganz weich, weil der Baum dort Wasser speichert. Dann schlängelst du dich weiter durch Pappeln und Birken, findest den Blauglockenbaum und gelangst schließlich zu Kulturgehölzen wie dem Kastanien- und Quittenbaum. Im Besucherzentrum bekommst du alle Informationen, auch zu interessanten Ausstellungen. *Di–So 10–17, März–Okt. bis 18 Uhr | Ripshorster Str. 306 | Tel. 0208 3 77 09 40 | rvr.ruhr*

Tags wie nachts eine eindrucksvolle Landmarke: Oberhausens Gasometer

SIEDLUNG EISENHEIM

Die älteste Arbeitersiedlung des Ruhrgebiets ist längst ein Mythos: 1897 fertiggestellt, sollte die Siedlung Eisenheim in den 1970er-Jahren abgerissen werden. Einer Bürgerinitiative gelang der Erhalt. 1988 wurde Eisenheim unter Denkmalschutz gestellt. In einem der ehemaligen Gemeinschaftswaschhäuser richteten die Eisenheimer das kleine *LVR-Museum Eisenheim (Ostermontag–Okt. So 11–18 Uhr | Berliner Str. 10a | industriemuseum.lvr.de)* über die Bergmannskultur ein.

ESSEN & TRINKEN

HACKBARTH'S RESTAURANT

Küche für gehobene Ansprüche in stilvollem Ambiente. Tolle Idee: das 30-Euro-Azubi-Menü, immer am ersten Mittwoch im Monat. *So/Mo geschl. | Im Lipperfeld 44 | Tel. 0208 2 21 88 | hackbarths.de | €€*

FRINTROP

Über 100 Jahre altes Gasthaus mit internationaler Küche, auf dessen Karte auch Deftiges aus dem Ruhrpott zu finden ist. Die Weinkarte stellt erfreulich vielseitig deutsche Anbaugebiete in den Vordergrund. *Di geschl. | Mühlenstr. 116 | Tel. 0208 87 09 75 | restaurant-frintrop.de | €€*

SPORT & SPASS

AQUAPARK

Hier kommt Zechenfeeling auf. Im „Erlebnis-Revier" erhebt sich unter der gläsernen Dachkuppel der 18 m hohe Nachbau eines Förderturms. Und auch sonst lassen sich viele Bergbauelemente finden. Während du dich also im Aquapark austobst und entspannst, kannst du ganz nebenbei eine Menge über die Geschichte des Ruhrgebiets erfahren. *Tgl. 9–21 Uhr | Heinz-Schleußer-Str. 1 | aquapark-oberhausen.com*

Ab nach draußen! Im Aquapark in Oberhausen gibts auch ein „Freibad-Revier"

AUSGEHEN & FEIERN

THEATER OBERHAUSEN

Oberhausens Theater genießt überregionale Aufmerksamkeit und wurde mehrfach als bestes Theater der Saison ausgezeichnet. Auf dem Programm stehen moderne Inszenierungen und Erstaufführungen. *Will-Quadflieg-Platz 1 | Theaterkasse Tel. 0208 8578184 | theater-oberhausen.de*

EBERTBAD

In dem Jugendstilbad finden regelmäßig Kleinkunst- und Comedyveranstaltungen statt. Auch Gerburg Jahnke, ehemals Missfits, und andere Comedians schauen hier regelmäßig vorbei. *Ebertplatz 4 | Tel. 0208 2054028 | ebertbad.de*

BOTTROP

(📖 E–F 4–5) **„Kommse nach Bottrop, krisse auffen Kopp dropp", hieß es einst in einem Spottvers. Das stimmt natürlich so nicht. Schön ist es nicht überall, wohl wahr. Immer noch sind große Teile des Stadtgebiets vom Bergbau geprägt, aber die letzte Bastion des Kohleabbaus hat auch eine Menge Idyll zu bieten.**

Wusstest du, dass Bottrop (117 000 Ew.) aus mehr als 55 Prozent Grünfläche besteht? Besonders schön zeigt sich die Kirchheller Heide, ein ausgedehntes Waldgebiet mit dichtem Wander-, Rad- und Reitwegenetz. Berge suchst du in Bottrop zwar vergeblich, aber die Alpen des Reviers sind Halden, die aus dem Bergematerial der Zechen entstanden. Auf der Halde Prosper steht das Wahrzeichen der Stadt: der Tetraeder. Die Stahlkonstruktion kannst du schon von Weitem sehen. Und wenn dir der Sinn nach mehr Action steht, ist Bottrop mit seinem Alpincenter, dem Movie Park und der „Erlebnisfabrik" Eloria ebenfalls keine Enttäuschung.

SIGHTSEEING

GARTENSTADT WELHEIM ⚑

Eine der schönsten und größten Bergarbeitersiedlungen des Ruhrgebiets. Die etwa 650 Häuser samt Wohnungen wurden in den 1990er-Jahren von Grund auf denkmalgerecht renoviert. *Anfahrt über Welheimer Str./Flöttestr.*

TETRAEDER ★

Die Stahlkonstruktion auf der Halde an der Beckstraße ist das Wahrzeichen und zugleich Symbol für den Wandel der Stadt. Die Dimensionen der einer Pyramide ähnelnden Großskulptur sind beeindruckend: 50 m hoch und mit 60 m langen Kanten, die auf vier 8 m hohen Betonpfeilern befestigt sind. Eine Treppe führt zu drei Aussichtskanzeln, die einen atemraubenden Blick über die Emscherregion bieten. Nachts wird die Spitze des Tetraeders mit gelbem Licht nachgezeichnet. *Hauptzugang: Beckstraße*

JOSEF ALBERS MUSEUM QUADRAT

Der Museumskomplex im Stadtgarten ist eine Hommage an den berühmtes-

Spielstätte für ein ungewöhnliches Theatererlebnis: das Amphitheater auf Halde Haniel

ten Sohn der Stadt und beherbergt die größte Sammlung von Werken des Künstlers außerhalb Amerikas: Josef Albers, 1888 in Bottrop geboren, lehrte am Weimarer Bauhaus und hat berühmte Künstler wie Victor Vasarély nachhaltig beeinflusst. Das angrenzende *Museum für Ur- und Ortsgeschichte* präsentiert eiszeitliche Funde, die beim Kohleabbau unter Tage freigelegt wurden. *Di–Sa 11–17, So 10–17 Uhr | Anni-Albers-Platz 1 | quadrat-bottrop.de | ⏲ 1½ Std.*

HALDE HANIEL ★

Einzigartig: Auf die eine Seite des Gipfelplateaus ist ein Amphitheater eingebaut, in dem in den Sommermonaten Theateraufführungen stattfinden. Nicht nur für Kunstfreunde ein Erlebnis: 105 „Totems", Skulpturen des Künstlers Agustín Ibarrola, stehen hier in luftiger Höhe. Einige der Skulpturen wurden 2022 beschädigt, ob sie rekonstruiert werden können, war bei Redaktionsschluss noch unklar. Die Halde war einer der Drehorte für Wim Wenders' Film „Pina" über das Leben der Choreografin Pina Bausch. *Anfahrt über Kirchhellener Str. oder Fernewaldstr.*

ESSEN & TRINKEN

BAHNHOF NORD

Der Name täuscht: Hier herrscht keine Wartesaalatmosphäre, es ist gemütlich und stilvoll eingerichtet, auf den tisch kommt gehobene mediterrane und regionale Küche. Schöne Außenterrasse. *Mo/Di geschl. | Am Vorthbach 10 | Tel. 02041 98 89 44 | bahnhofnord.de | €€*

GASTHOF BERGER

Restaurant, Konditorei, Gartenlokal, Gästezimmer: Das Traditionshaus im nördlichen Stadtteil Feldhausen hat sich breit aufgestellt und kann doch in jeder Kategorie mit seinem hohen Anspruch punkten. Auf die Teller kommt eine tagesfrische Küche, in der Backstube entstehen köstliche Kuchen und Torten. Besonders schön lässt es sich dann im lauschigen Garten schlemmen. *Mo und Do geschl. | Schlossgasse 35 | Tel. 02045 26 68 | gasthof-berger.de | €€*

SPORT & SPASS

ELORIA

Die einstige Waschkaue der Zeche Prosper Haniel bildet die ehrwürdige Kulisse für ganz besondere Events: Auf 6000 m² erwarten dich Escape-Rooms und Abenteuersimulationen, in die du regelrecht eintauchst. Beim *Exploria Game* kannst du z. B. die Welt der 1920er-Jahre erkunden und dort verschiedene Missionen erfüllen. *Knappenstr. 36 | Tel. 02041 5 67 06 66 | eloria.de*

MOVIE PARK GERMANY

Hollywood zum Anfassen: In dem großen Freizeit- und Vergnügungspark warten mehr als 40 Einzelattraktionen: mehrere Achterbahnen, Freefall-Tower, Paraden, Shows und Straßenentertainment. *Stark gestaffelte Zeiten s. Website | Warner Allee 1 | moviepark germany.de*

SCHLOSS BECK

Kinder und Familien finden rund um das vor über 200 Jahren erbaute Schloss einen zeitlos schönen Freizeitpark mit Wasserbob, Schiffsschaukeln, einem Riesenrad und dem spannenden Baumkronenpfad. *April–Sept. Di–So 9–18 Uhr, bei schlechtem Wetter abweichende Zeiten mgl. | Am Dornbusch 39 | schloss-beck.de*

RUND UM BOTTROP

1 KIRCHHELLER HEIDE

13 km bis zum Heidhof nordwestlich von Bottrop/20 Min. über die Kirchhellener Str.

Einige Tierarten wie die Kreuzotter oder der Eisvogel sind heute selten geworden. Ihre ursprünglichen Lebensräume wurden durch die Industrialisierung mehr und mehr zerstört. In der Kirchheller Heide hast du die Chance, die Schlange mit dem Zickzackband auf dem Rücken und den blau gefiederten Vogel zu sichten. Und es gibt noch viel mehr zu entdecken: Hier pfeift eine Nachtigall, dort wächst Torfmoos und abends fliegen dir diverse Fledermausarten über den Kopf hinweg. Markierte Rad- und Wanderwege helfen bei der Erkundung.

INSIDER-TIPP
Tierisch selten

Als Start- oder Zielpunkt empfiehlt sich der *Forsthof Heidhof (Zum Heidhof 25 | heidhof.metropoleruhr.de)* im Stadtteil Kirchhellen. Dort ist u. a. ein Waldinformationszentrum untergebracht, wo du Wissenswertes über die Geschichte der Kirchheller Heide erfährst. Kinder kommen auf einem Spielplatz auf ihre Kosten. Hunger und Durst stillst du am kleinen Kiosk. E3–4

GELSEN-KIRCHEN

(G4–5) **Schalke! Das ist wahrhaftig ein Stadtteil von Gelsenkirchen und jeder verbindet damit den legendären Fußballverein, gegründet im Jahr 1904.**

Diese Stadt (262 000 Ew.) verlangt von ihren Besuchern den Blick in die verschiedenen Ecken, in denen sich alte Zechensiedlungen neben moderner Architektur präsentieren, klassische alte Gärten neben dem Industriewald, das stillgelegte Bergwerk Hugo neben den fünf Häfen am Rhein-Herne-Kanal.

SIGHTSEEING

SKULPTURENWALD RHEINELBE

Mitten in der Stadtlandschaft tauchst du hier in einen Zechenwald-Dschungel ein, der in aller Ruhe nach Stilllegung der Zeche Rheinelbe 1930 sich selbst überlassen wachsen konnte. Auffallend sind die Skulpturen wie z. B. das Tor am Eingang des Geländes. Überall in diesem wilden Industriewald sind die Werke des Künstlers Herman Prigann zu entdecken. Ganz im Süden ragt die *Halde Rheinelbe* als schwarzer Kegel in den Himmel, künstlerisch geschüttet und gekrönt von einer 10 m hohen Skulptur aus Fundamenten. Erklimmen lohnt sich: Von oben hast du einen phantastischen Blick! Sehr auskunftsfreudige Förster findest du in der *Forststation (Virchowstr. 123 | Tel. 0209 1 47 48 44 | wald-und-holz.nrw.de)* im alten Schalthaus auf dem Gelände. *Leithstr. 35 |* *e–f6*

NORDSTERNPARK

Der Park bebt, wenn hier Großveranstaltungen wie der Vivawest-Marathon oder die Extra-Schicht stattfinden. Aber auch das restliche Jahr über wird es nicht langweilig, dafür sorgen weitläufige Rad- und Laufwege, ein begehbarer Bergbaustollen und das Amphitheater für Veranstaltungen. Herzstück des Parks stellt der Nordsternturm mit Besucherterrasse und Museum dar. Der Turm ist mit seinen imposanten 83 m Höhe einer der letzten Repräsentanten der Bergbauarchitektur der Nachkriegszeit. Die in 60 m Höhe gelegene Maschinenhalle dient als atemraubende Kulisse für Konzerte der Reihe „Fine Art Jazz". *Zugang über die Nordsternstr. 1 | nordsternturm.de |* *0*

INSIDER-TIPP
Musik zwischen Himmel und Erde

VELTINS-ARENA

Dieses Stadion hat Furore gemacht: mit herausfahrbarem Rasen und schließbarem Dach. Unter der „Rasenschublade" befindet sich ein Veranstaltungsboden für die unterschiedlichsten Topevents. 80 000 Menschen finden hier Platz. In der Arena ist auch das *Schalke-Museum (Di–So, in den NRW-Schulferien tgl. 10–17 Uhr |* *1½ Std.)* untergebracht, das die wechselvolle Geschichte des Vereins lebendig werden lässt. Der erste feste Spielort der Königsblauen gestaltete sich übrigens im Vergleich zur Arena richtig gemütlich: Die *Glückauf-Kampfbahn (Ernst-Kuzorra-Platz | schalke04.de)* wurde 1928 eingeweiht, das notwendige Land von der Zeche gepachtet. Eine Besonderheit war damals die überdachte Sitzplatztribüne für 100 Zuschauer. Das gepflegte Stadion ist auch heute noch in Betrieb, z. B. zum Public Viewing. *Rudi-Assauer-Platz 1 | veltins-arena.de | 0*

SIEDLUNG SCHÜNGELBERG & RUNGENBERGHALDE

Nach dem Torbogen wird der Blick frei auf die wohl schnuckeligste denkmalgeschützte Gartenstadtsiedlung des Ruhrgebiets. Sie entstand ab 1897 und wurde mit modernen Reihenhäusern ergänzt. Nebenan ragen Teile der gewaltigen Gebäude des stillgelegten Bergwerks Hugo auf, an der südwestlichen Seite grenzt die Siedlung an die gigantische Rungenberghalde. Diese ist mittlerweile grün, mehrere Wege und eine steile Treppe führen auf den gespaltenen Gipfel, der nach einem Künstlerentwurf aufgeschüttet wurde und mit einer Lichtinstallation aufwartet. *Anfahrt über Schüngelbergstr. | 0*

KUNSTMUSEUM GELSENKIRCHEN

Die beeindruckende Kunstsammlung zeigt neben Gemälden auch viele kinetische Objekte. Hochrangige Werke des französischen und deutschen Impressionismus und Expressionismus

Alte Bentonblöcke einer Kokerei bilden die „Himmelsleiter" auf der Halde Rheinelbe

sind hier zu finden. Auch Wechselausstellungen. *Di–So 11–18 Uhr | Horster Str. 5–7 | kunstmuseum-gelsenkirchen.de | 1½ Std. | 0*

ESSEN & TRINKEN

CLOUD 7 IM HEINER'S

In der ehemaligen Waschkaue der Zeche Nordstern sitzt du im stylishen Industrielook-Ambiente – entweder in bequemen Sesseln, auf Hochstühlen, im Winter- oder im Biergarten. Auf der Karte stehen Salate, Burger und Snacks. Das Konzept ist bewusst offen gehalten – bloß nicht kompliziert, dafür umso leckerer. *Tgl. | Am Bu-*

gapark 1d | Tel. 0209 1772222 | hei ners-cloud7.de | €–€€ | 0

CRÊPERIE

Mit vielen Möbeln aus Omas Zeiten bestückt, erliegt man gern dem Charme des kleinen Cafés in Gelsenkirchen-Buer. Dazu gehören unbedingt Kuchen und Torten, die nichts für kleinliche Kalorienzähler sind. *So/Mo geschl. | Hagenstr. 36 | Tel. 0209 375138 | € | 0*

SPORT & SPASS

GELSENTRABPARK

Der Trabrennsport hat in Gelsenkirchen eine lange Tradition. Auf der Rennstrecke sind oft Weltklassepferde am Start. Renntage erfährst du auf der Website – und wetten musst du dann natürlich auch. *Nienhausenstr. 42 | gelsentrabpark.de | 0*

ZOOM ERLEBNISWELT

Hier warten spannende Begegnungen zwischen Mensch und Tier auf dich, denn die Grenzen, die sonst Zoozäune setzen, werden optisch aufgelöst. Du kannst auch eine Menge lernen: Warum passen Trampeltiere ihr Erscheinungsbild an Jahreszeiten an? Warum gehören Rothschildgiraffen inzwischen zu den seltenen Tierarten? Und warum riecht der Marderbär nach Popcorn? Finde es selbst heraus oder nimm an einer der Führungen durch die Erlebniswelten Alaska, Afrika oder Asien teil. *April–Sept. tgl. 9–18.30, 2. Märzhälfte und Okt. 9–18, Nov.–Mitte März 10–17 Uhr | Bleckstr. 64 | zoom-erlebniswelt.de | 4 Std. | 0*

WELLNESS

GESUNDHEITSPARK NIENHAUSEN

Hier ist Schwitzen besonders schön: sowohl in der Damen- und Herrensauna als auch in der Erlebnisdampf- und der Waldsauna. Und die Biosauna kann zusätzlich noch mit einer Farblichttherapie punkten. Warm wirds im Gesundheitspark auch im beheizten Soleaußenbecken mit Unterwassermassagedüsen. *Mo–Do 9–22, Fr/Sa 9–23, So*

INSIDER-TIPP
Heilendes Licht

9–21 Uhr | Feldmarkstr. 201 | Tel. 0209 94 13 10 | nienhausen.de | 🕮 0

AUSGEHEN & FEIERN

MUSIKTHEATER IM REVIER

Aus dem Jahr 1959 stammt das architektonische Juwel von Werner Ruhnau mit der „schwebenden", gläsernen Fassade. Durch das Zusammenspiel mit Werken von Künstlern ist ein Gesamtkunstwerk entstanden. Der Fokus liegt auf Musiktheater, Tanz und Ballett. *Kennedyplatz | Tel. 0209 4 09 72 00 | musiktheater-im-revier.de | 🕮 d2*

KAUE

Kleinkunst, Kabarett und Comedy in den Hallen der Zeche Wilhelmine Viktoria. Tipp: Schau auch mal in der Kneipe vorbei, die echtes Zechenflair versprüht. *Wilhelminenstr. 176 | Tel. 0209 9 54 30 | emschertainment.de | 🕮 0*

HERNE

(🕮 H4–5) **In den 1920ern wurde Herne (157 000 Ew.) wegen seiner Wohlhabenheit „Goldene Stadt" genannt.**

Nostalgie pur: Riesenrad und Kettenkarussell auf der Cranger Kirmes

Eine Ahnung von dem Reichtum, den die Zechenbarone mit dem schwarzen Grubengold machten, bekommst du beim Anblick der historischen Repräsentationsbauten wie der beiden Rathäuser in Herne und Wanne oder den aufwendig gestalteten Jugendstilfassaden rund um die Bahnhofstraße im Zentrum Hernes. Nach dem Zechensterben in den 1960er- und 1970er-Jahren wurde auch in Herne der Strukturwandel angestoßen, die Stadt ist auf dem Weg, sich einen Namen als Logistikstandort zu machen.
Bereits seit Mitte des 15. Jhs. steht Herne für ein besonderes Vergnügen: Bei der *Cranger Kirmes (cranger-kirmes.de)* wird im August zehn Tage und Nächte lang gefeiert. Das größte Volksfest in NRW verwandelt den Stadtteil Crange dann in Deutschlands zweitgrößten Rummelplatz nach dem Oktoberfest.

SIGHTSEEING

SCHLOSS STRÜNKEDE

Das Wasserschloss ist ein prachtvoller Frühbarockbau aus dem 16./17. Jh. Die Schlosskapelle von 1272 ist das älteste erhaltene Bauwerk im Stadtgebiet. Heute bildet es zusammen mit der Städtischen Galerie im Schlosspark, dem Heimatmuseum Unser Fritz und dem Alten Wartesaal im Bahnhof Herne das *Emschertal-Museum* und zeigt die Dauerausstellung Land und Leute sowie Wechselausstellungen. *Di–Fr 10–13 und 14–17, Sa 14–17, So 11–17 Uhr, Führungen n. V. unter Tel. 02323 16 26 11 | Karl-Brandt-Weg 5 | herne.de | 1½ Std.*

LWL-MUSEUM FÜR ARCHÄOLOGIE

Ungewöhnliche Einblicke in archäologische Welten erhältst du in diesem Museum. Spektakulär schon die Ausstellungsfläche, die zum größten Teil unter der Erde liegt. Wie gingen die Menschen früher auf die Jagd? Welchen Schmuck trugen die Germanen? Das alles erfährst du hier. Im preisgekrönten Forscherlabor darfst du an 14 Thementischen selbst die Vergangenheit entschlüsseln. Wenn dir das nicht reicht, greif zu Zollstock, Kelle und Pinsel und such im Außengelände des Museums nach Stücken aus fünf verschiedenen Zeitbereichen. So viel sei versprochen: Funde garantiert. *Di, Mi, Fr 9–17, Do 9–19, Sa/So 11–18 Uhr | Europaplatz 1 | lwl-landesmuseum-herne.de | 3 Std.*

INSIDER-TIPP
Archäologe für einen Tag

SIEDLUNG TEUTOBURGIA

Eine Siedlung wie im Märchen, mit 136 nahezu vollständig erhaltenen, denkmalgerecht und mit viel Liebe zum Detail restaurierten Häusern. Die 1909–23 als Werkssiedlung nach den Reformideen der Gartenstadt erbaute Siedlung gehört zu den schönsten und grünsten ihrer Art im Ruhrgebiet. *Anfahrt über Baarestr.*

UNSER FRITZ 2/3

Hier bist du bei der ältesten Künstlerzeche Nordrhein-Westfalens zu Besuch. Das idyllisch in einem Park am Rhein-Herne-Kanal gelegene Industriedenkmal dient Herner Künstlern und Fotografen als Atelier. Außer bei Ausstellungen lohnt sich der Besuch für einen

Noch Durst? Dann schau auf ein Pilsken in die Flottmann-Kneipe!

relaxten Spaziergang mit Kanalblick. *Zur Künstlerzeche 10 | kuenstlerzeche.de*

ESSEN & TRINKEN

ZUM KRUMMEN HUND

Vom Biergarten aus blickst du auf das Gelände der Cranger Kirmes. Innen erwartet dich ein modernes Ambiente mit historischen Fotos vom Namensgeber, einem Hafenkran. Auf der Karte stehen Steakspezialitäten und saisonale Produkte. *Mi geschl. | An der Cranger Kirche 1 | Tel. 02325 6 62 63 94 | zum-krummen-hund.de | €–€€*

WELLNESS

LAGO REVIERPARK GYSENBERG

Schön gelegenes Freizeitbad mit Wellen-, Sol- und Freibad und einem schicken Saunabereich. Frag nach dem Wenik-Aufguss mit getrockneten Birkenzweigen! *So–Do 8–22, Fr/Sa 8–23 Uhr | Am Revierpark 40 | gysenberg.de*

AUSGEHEN & FEIERN

FLOTTMANN-HALLEN

Bis 1983 produzierten die Flottmannwerke ihre weltberühmten Bohrhämmer für den Bergbau. Heute bestimmen Tanz, Kleinkunst, Kabarett, Ausstellungen und freies Theater das Programm in dem denkmalgeschützten Jugendstilbau. Die *Flottmann-Kneipe* mit frischer, junger Bistroküche ist von Dienstag bis Samstag ab 17 Uhr geöffnet. Unbedingt anschauen: den *Skulpturenpark* hinter dem Gebäude. *Straße des Bohrhammers 5 | Tel. 02323 16 29 52 | flottmann-hallen.de*

MONDPALAST VON WANNE-EICKEL

Mit diesem volkstümlichen Theater hat sich Prinzipal Christian Stratmann, Bruder des 2021 verstorbenen Kabarettisten Ludger Stratmann, seinen Traum von einer Ruhrgebietsbühne erfüllt. *Wilhelmstr. 26 | mondpalast.com*

HAGEN & DER SÜDOSTEN

GROSSSTADTFLAIR TRIFFT SAUERLANDIDYLL

Diese Region saß schon immer ein bisschen zwischen den Stühlen: Halb noch zum Ruhrgebiet gehörend, zieht es sie schon mächtig Richtung Sauerland und Bergisches Land. Kleine Orte und viel hügelige Landschaft dazwischen bestimmen das Bild.

Am Rand des Reviers wandelst du auch auf den Spuren des Bergbaus, denn hier stand die Wiege des Kohleabbaus. Viele Relikte dieser Zeit entdeckst du anhand von rekonstruierten und erhaltenen

In Witten beginnt das Ruhrtal, das sich bis nach Mülheim erstreckt

Objekten bei einem Spaziergang auf dem Bergbauwanderweg im Muttental. Kompakte Informationen zeigt die Ausstellung der Zeche Nachtigall.

Eine Reise durch die Geschichte des Ruhrgebiets machst du auch in der Altstadt von Hattingen. Die Fachwerkhäuser in Schwarz-Weiß-Optik rund um die St.-Georg-Kirche wurden aufwendig renoviert und prägen nun das Bild der Stadt.

HAGEN & DER SÜDOSTEN

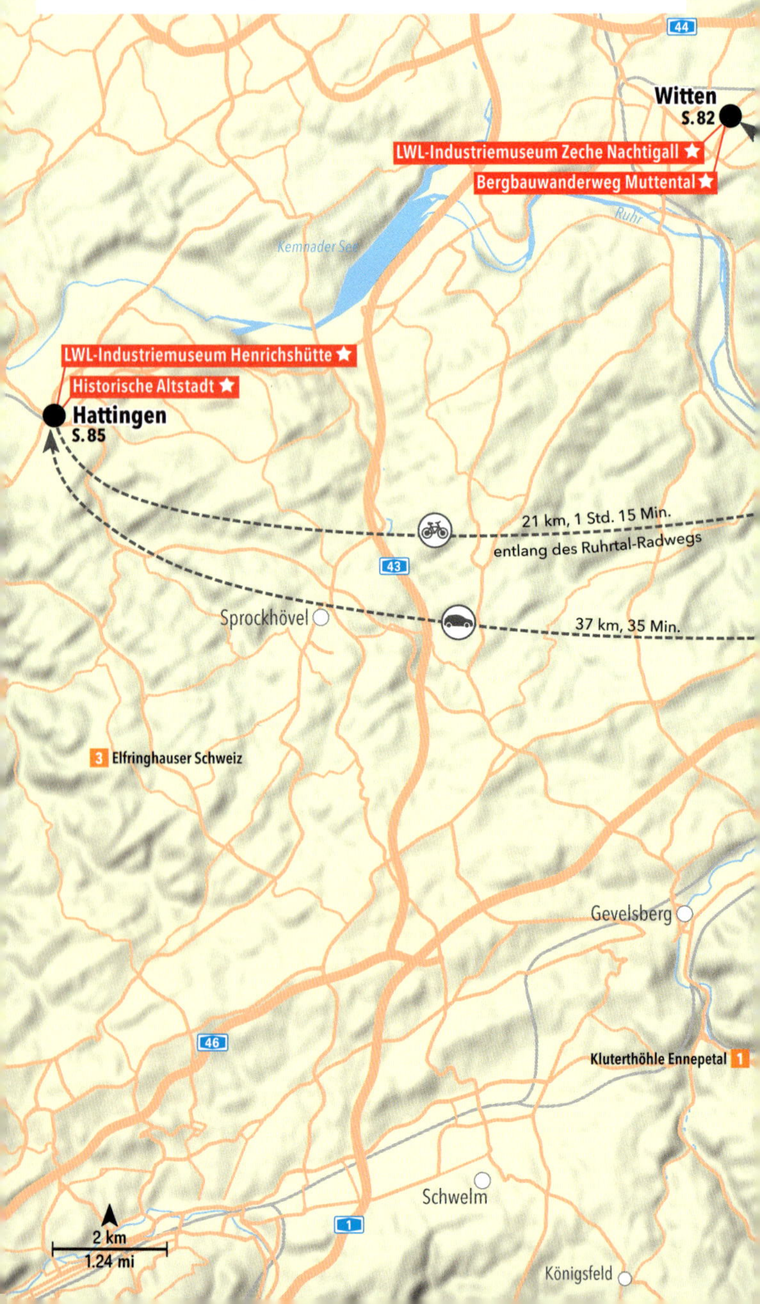

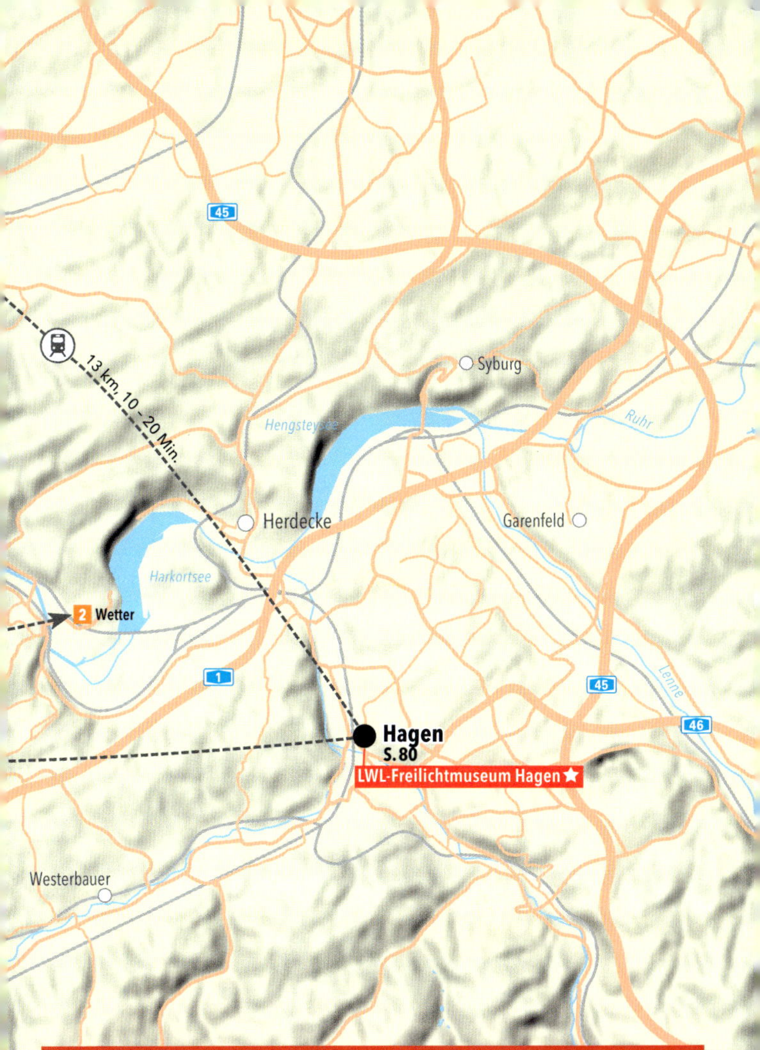

MARCO POLO HIGHLIGHTS

★ **LWL-FREILICHTMUSEUM HAGEN**
Geh auf Zeitreise und erleb historisches Handwerk ➤ S. 80

★ **BERGBAUWANDERWEG MUTTENTAL**
Auf Spurensuche in der Wiege des Ruhrbergbaus in Witten ➤ S. 83

★ **HISTORISCHE ALTSTADT HATTINGEN**
Gassen mit urigen Häusern: Mittelalterfeeling in Hattingen ➤ S. 86

★ **LWL-INDUSTRIEMUSEUM ZECHE NACHTIGALL**
Begib dich in Witten abwärts in die Welt unter Tage ➤ S. 83

★ **LWL-INDUSTRIEMUSEUM HENRICHSHÜTTE**
Die einzige Schaugießerei des Ruhrgebiets steht in Hattingen ➤ S. 86

HAGEN

(📖 J-K 6-7) **Großstadt und doch so grün. Hagen (195 000 Ew.) kämpfte lange mit Bausünden der Nachkriegszeit. Auch die Schwerindustrie hinterließ ihre Spuren. Doch moderner Städtebau verlieh der Stadt ein neues Selbstbewusstsein. Und ein grünes Gesamtbild konnte Hagen schon immer aufweisen.**

Sie wird die „Stadt der vier Flüsse" genannt, denn Ennepe, Lenne, Volme und Ruhr fließen durch Hagen und bieten Gelegenheit zu verschiedensten Freizeitaktivitäten. Gleichzeitig führt der Ruhrtal-Radweg vorbei, der Radfahrer durch eine abwechslungsreiche Landschaft und zu sehenswerten Orten lotst. Die Verbindung zwischen Natur und Kultur ist in ganz Hagen zu spüren: Schlösser, Fachwerkhäuser, Denkmäler und auch das Westfälische Freilichtmuseum machen Lust auf Open-Air-Kultur.

SIGHTSEEING

KUNSTQUARTIER HAGEN

Kunst in zwei Gebäuden: Das *Osthaus-Museum Hagen* in der historischen Folkwang-Villa legt seinen Schwerpunkt auf die klassische Moderne und die zeitgenössische Kunst. Ein gläsernes Foyer verbindet die Villa mit dem neueren Bau des *Emil-Schumacher-Museums*, das auf drei Stockwerken Werke des Hagener Malers (1912–99) zeigt. *Di-So 12–18 Uhr | Museumsplatz 1 | kunstquartier-hagen.de | ⏲ 2 Std.*

LANGE RIEGE ⚑

Es sieht so aus, als drängten sich die Häuschen eng aneinander, als wollten sie sich gegenseitig schützen. Vielleicht rührt der Eindruck daher, dass die ersten Bewohner, die 1665 diese Fachwerkhäuser im Ortsteil Eilpe bezogen, von auswärts kamen – Klingenschmiede aus Solingen – und sich als Fremde ebenfalls umeinander scharten. *Riegestr. 6–18*

HOHENHOF

Villa oder Schlösschen? Das Gebäude, von Henry van de Velde als Wohnhaus für Karl Ernst Osthaus gestaltet, ist Höhepunkt einer Reihe von Bauten zwischen Jugendstil und Bauhaus, die von 1900 bis 1920 in Hagen entstanden – darunter die *Villa Cuno*, die *Arbeitersiedlung Walddorf* und die *Künstlerkolonie Stirnband*. Der Hohenhof beherbergt heute das *Museum des Hagener Impulses (Sa/So 11–18 Uhr | Stirnband 10 | osthausmuseum.de | ⏲ 1 Std.)* und ist ein guter Ausgangspunkt für eine Besichtigung der anderen Gebäude.

LWL-FREILICHTMUSEUM HAGEN ★

Ein Spaziergang über das Gelände gleicht einer Reise in die Vergangenheit. Um die 60 rekonstruierte Betriebe in Fachwerkhäusern kannst du besichtigen, knapp 20 Werkstätten sind jeden Tag am Werkeln. Hier darf die ganze Familie den Handwerkern über die Schulter schauen und auch selbst mal Hand anlegen, etwa beim Papierschöpfen, in der Bäckerei oder an der Messingstampfe. Der Magen

Der richtige Ort, um der Gegenwart zu entfliehen: das LWL-Freilichtmuseum Hagen

INSIDER-TIPP
Picknick mit duftendem Ofenbrot

knurrt? Im Laden gibts selbst gemachte Würstchen und traditionell gebackenes Brot – ideal für ein Picknick auf einem der schönen Plätze. *April–Okt. Di–Sa 9–17.30, So 9–18 Uhr | Mäckingerbach | freilichtmuseum-hagen.de | 3 Std.*

ESSEN & TRINKEN

ROSENGARTEN

Beliebtes Lokal mit Fachwerkhaus-Charme: Im Selbecker Tal direkt neben dem LWL-Freilichtmuseum bietet Familie Beljan internationale und kroatische Gerichte an. Komm bei Sonnenschein lieber rechtzeitig, die Plätze im Biergarten sind sehr begehrt! *Di geschl. | Selbecker Str. 213 | Tel. 02331 7 64 64 | rosengarten-hagen.de | €–€€*

SHOPPEN

KÄSE-DEELE

Schwarzbunte Holsteiner Kühe bewegen sich im Sommer auf den Wiesen nebenan und Kälber bleiben erst mal bei der Mama. Die eigenen Frischkäse und Joghurts in verschiedenen Geschmackssorten sind einfach ein Gedicht. Die Herstellung wird im Rahmen von Führungen ausführlich erklärt, das Motto „Wir machen Käse mit Herz und Verstand" glaubt man sofort. *April–Okt. Di–So 10–18, Nov.–März Di/Mi 14–18, Do/Fr 10–18, Sa 10–14 Uhr | Auf dem Killing 1b | kaese-deele.de*

AUSGEHEN & FEIERN

THEATER HAGEN

Oper, Ballett und Musical bilden das Gerüst des Spielplans. Die Kinder-

Erinnerung an ehemalige Arbeiter: Besuch auf Zeche Nachtigall

und Jugendsparte *Lutzhagen* steht für engagiertes Theater – von Schultheatertagen bis zu Projekten mit Senioren und Arbeitslosen. *Elberfelder Str. 65 | Tel. 02331 2073218 | theaterhagen.de*

KULTURZENTRUM PELMKE/ KINO BABYLON

Rock- und Punkmusik, junges Theater, Kleinkunst, irische Nächte, Kino: Das Spektrum ist breit. Verrücktes und Lebensfreude haben hier Platz und erlauben einen Einstieg in die Hagener Szene. *Pelmkestr. 14 | Tel. 02331 336967 | pelmke.de*

RUND UM HAGEN

1 KLUTERTHÖHLE ENNEPETAL

13 km südwestlich von Hagen/ 20 Min. über Gevelsberg

Absolut reine Luft herrscht in diesem Irrgarten aus über 380 Gängen, mit unterirdischen Seen, Bächen, Fossilien und mehr als 100 Tierarten, darunter natürlich Fledermäuse. Die Millionen Jahre alte Höhle darf sich größte Naturhöhle Deutschlands nennen. Weil die Luft hier so gut ist, dient sie als Naturheilstätte bei Atemwegs- und Hautkrankheiten. *Besichtigung nur mit vorab über die Website gebuchter Führung | Gasstr. 10 | kluterthoehle.de | J7*

WITTEN

(H–J6) **Sie ist die grüne Stadt an der Ruhr, gleichzeitig aber auch die Wiege des Kohleabbaus im Revier.** Zeugnisse dieser Zeit kannst du im Muttental auf dem Bergbauwanderweg aufspüren, der dich u.a. zur Zeche Nachtigall führt. Und auch wenn die Industrie ein wesentliches Standbein der Stadt blieb, besteht Witten (98 000 Ew.) zu zwei Dritteln aus Wald-, Grün-, Landwirtschaft- und Wasserflächen. Durch die Stadt fließt die Ruhr, die sich schließlich am Kemnader See staut – ein Paradies für Erholungssuchende und Wasserratten gleichermaßen.

SIGHTSEEING

MÄRKISCHES MUSEUM WITTEN

Der erste Eindruck: massiv! Das aus Ruhrsandstein gestaltete Gebäude erinnert an eine dreischiffige Kirche. Innen aber feinste Kunst deutscher Malerei und Grafik des 20. Jhs. Hier findest du eine der größten Sammlungen zum deutschen Informel. Wechselausstellungen schlagen außerdem den Bogen zwischen klassischer und zeitgenössischer Kunst. *Mi–So 12–18 Uhr | Husemannstr. 12 | kulturforum-witten.de |* ⏲ *2 Std.*

HOHENSTEIN

Schöne Aussichten gefällig? Dann auf zum *Berger-Denkmal* im Naherholungsgebiet Hohenstein. Dort oben wandert dein Blick weit entlang der Ruhr. Wer noch höher hinausmöchte, besteigt den Aussichtsturm. Bist du wirklich noch im Ruhrgebiet? Eindrucksvoll auch der Rundweg – aber Vorsicht, die Wege sind recht steil – festes Schuhwerk empfohlen!

BERGBAUWANDERWEG MUTTENTAL ★ ⚑

Wandern und Kultur, das lässt sich im Muttental perfekt verbinden. Wilde Romantik ummantelt dich, wenn du dir den Weg entlang des plätschernden Muttenbachs durch Täler und Wälder bahnst. Auf dem 9 km langen Bergbauwanderweg findest du links und rechts immer wieder rekonstruierte oder originale Objekte, die dich in eine andere Epoche entführen. Wenn du etwas mehr Zeit hast, besuch die *Ruine Hardenstein (burgfreunde-hardenstein.de)* oder das *Schloss Steinhausen (witten.de/planen-bauen-wohnen/denkmaeler/burg-steinhausen).* Unbedingt anschauen solltest du dir das ★ *LWL-Industriemuseum Zeche Nachtigall (Di–So 10–18 Uhr | Nachtigallstr. 35 | lwl.org/industriemuseum |* ⏲ *3 Std.).* Hier kannst du einen echten Steinkohleflöz besichtigen und dabei authentische Bergbau-Atmosphäre erleben: Der Flöz befindet sich in einem Besucherbergwerk – den Weg zum schwarzen Gold durch niedrige Gänge musst du dir mit Helm und Grubenlampe erst erobern. Noch mehr realistisches Bergbaugefühl gibts in verschiedenen Ausstellungen und an Bord eines nachgebauten Kohleschiffs. *Start Bergbauwanderweg: Parkplatz Nachtigallstr.*

ESSEN & TRINKEN

HOPPE'S RESTAURANT

Bereits in vierter Generation leiten die Hoppes das Restaurant und schaffen scheinbar mühelos den Spagat zwischen Tradition und Moderne. Handwerkliches Können auf Spitzenniveau mit genau der richtigen Dosis Detailverliebtheit zeichnet die Küche aus. Wer nur mal reinschmecken möchte, hat auf der im Sommer stattfindenden *Bochumer Gourmetmeile (bochum-kulinarisch.de)* Gelegenheit dazu. *So und mittags geschl. | Stockumer Str. 6 | Tel. 02302 603 07 | hotel-hoppe-witten.de | €€*

ANDRÉ'S 1726

„Feine Deftigkeit" ist das Motto von André Vordenbäumen. Was das heißt?

Essen ohne Chichi, aber mit hervorragenden Zutaten. Seine Leidenschaft sind Saucen, aus denen der Gast die frischen Zutaten herausschmeckt, wie z. B. beim Senfrostbraten mit Zwiebelsauce, Gratin und Salat. Wer noch was lernen möchte, dem seien die Kochkurse und -shows empfohlen. *Sa-Mittag und Mo/Di geschl. | Schulstr. 1 | Tel. 02302 9410600 | andres1726.de | €€*

SHOPPEN

CAP-BAUMARKT

Warum soll ein Schraubenschlüssel in seinem Leben nur einen Besitzer haben? Cap-Baumarkt ist der erste Secondhand-Baumarkt Nordrhein-Westfalens und verkauft Artikel aus zweiter Hand zu günstigen Preisen. Unter dem Wortspiel „traschick" upcyceln die Mitarbeiter zudem alte Schätzchen zu neuen Lieblingsstücken. Und einer guten Sache dient das Ganze auch: Der Betrieb bietet Beschäftigungs- und Qualifizierungsmöglichkeiten für Menschen, die auf dem Arbeitsmarkt sonst keine Chance bekommen. *Mo–Do 9–17, Fr 9–16.30, Sa 11–14 Uhr | Annenstr. 118–122 | capbaumarkt.de*

INSIDER-TIPP
Aus Alt mach Neu

SPORT & SPASS

KEMNADER SEE

Am Kemnader See kannst du einen ausgedehnten Spaziergang machen,

Straßencafés findest du in Hattingens gemütlicher Altstadt in jeder Gasse, auf jedem Platz

segeln oder mit dem Fahrrad oder auf Inlineskates den See umrunden. Außerdem: Minigolf, Beachvolleyball und Tennis sowie eine große Hundewiese. *Freizeitzentrum Kemnade: Querenburger Str. 35 | kemnadersee.de*

WELLNESS

FREIZEITBAD HEVENEY

Das Freizeitbad im Grünen direkt am Kemnader See bereitet Wasser- und Wellnessfreuden. Neben dem Erlebnisbad warten hier eine große Saunalandschaft und entspannende Wellnessbehandlungen auf dich – erst schwitzen in der Stollensauna, dann relaxen bei einer hawaiianischen Tempelmassage. *Mo–Do 9–22, Fr/Sa 9–23, So 9–21 Uhr | Querenburger Str. 35 | freizeitbad-heveney.de*

RUND UM WITTEN

2 WETTER

10 km südlich von Witten/20 Min. über die B 226

Eingerahmt vom Harkortsee und der Ruhr liegt das schöne 27 000-Ew.-Städtchen. Eine entspannte Runde um den See mit einem Abstecher zur Burg Wetter oder hinauf in die waldreichen Höhen des angrenzenden Ardeygebirges – die Landschaft bietet viel Abwechslung. Einen tollen Aussichtspunkt und gleichzeitig die höchste Stelle im Stadtgebiet findest du auf dem *Harkortberg* mit dem märchenhaft anmutenden *Harkortturm*. *J6*

HATTINGEN

(G–H6) **Das Feuer war bereits früh ein Wahrzeichen von Hattingen (56 000 Ew.). Seit Beginn des 15. Jhs. ziert der mit dem Feuer speienden Drachen kämpfende St. Georg das Wappen der Stadt.**

Die mittelalterlichen Herren von „Hatneggen" dürften bei ihrer Wahl kaum geahnt haben, dass rund 450 Jahre später das Feuer in ganz anderer Form das Gesicht der Stadt prägen würde – nämlich im Hochofen zum Schmelzen von Schwermetall. Die Schließung der Henrichshütte Ende der 1980er-Jahre bedeutete den größten Umbruch in der Geschichte der Stadt. Auf dem ehemaligen Hüttengelände entstand ein Gewerbe- und Landschaftspark.

Die Mischung aus Altstadt mit Fachwerkhäusern und pulsierendem Leben mit vielen Ausstellungen und Events sowie die Nähe zu den Großstädten machen Hattingen zu einem ganz besonderen Anziehungspunkt. Sehenswert ist der geschlossene Ring aus Fachwerkhäusern, den Wachszinshäusern, rund um den Kirchplatz. Abends werden die Gassen dann zur Kneipenmeile. Hinter Namen wie Kleines Café, Einhorn und Grammophon verbergen sich Szene- und Musikkneipen – hier wird wirklich jeder fündig. Nicht zu vergessen die schöne Landschaft, die sich mit dem Ruhrtal und dem Bergischen Land um die Stadt schmiegt.

SIGHTSEEING

HISTORISCHE ALTSTADT ★

Ein mittelalterliches Kleinod: In den Gässchen mit 143 meist restaurierten Fachwerkhäusern, versteckten Winkeln und dunklen Durchgängen scheint die Zeit stehen geblieben zu sein. Ein Altstadtrundgang ist ausgeschildert. Touristenmagnet ist das alljährliche Altstadtfest im August.

BÜGELEISENHAUS

Es ist eines der bekanntesten, weil skurrilsten Gebäude der Altstadt. Seinen Namen verdankt es dem ungewöhnlichen Grundriss und seinem Giebel. Das Gebäude stammt aus dem 17. Jh. und diente den Hattingern zeitweise auch als Tuchweberei, als Schlachtraum und Wurstküche. Einst beherbergte es das kleine Museum des Heimatvereins. Bis 2023 stehen aber Sanierungsarbeiten an, danach geht es mit neuem Konzept weiter. *buegeleisenhaus.de*

ACKERBÜRGERHAUS

Im Mittelalter wohnten nicht nur Handwerker und Kaufleute in Hattingen, sondern auch Bauern, die Felder vor der Stadt besaßen, ihr Haus aber im Schutz der Stadtmauern hatten. Das 1729 erbaute Haus ist ein typischer Ackerbürgerhof und als einziges seiner Art erhalten. Heute befindet sich hier das Hotel und Wirtshaus Zur Alten Krone. *Steinhagen 6–8*

BRUCHTORTURM

Einer von ehemals sieben Stadttürmen, die die Abschnitte der Stadtmauer zwischen den einzelnen Toren sicherten. Heute präsentiert sich der Turm, der lange unter einem Haus aus der Gründerzeit verborgen war, restauriert und ist nun der am besten erhaltene Teil der Stadtbefestigung. Vor dem Turm stehen die *Menschen aus Eisen,* Plastiken des polnischen Bildhauers Zbigniew Frączkiewicz. *Zugang über Grabenstr.*

LWL-INDUSTRIEMUSEUM HENRICHSHÜTTE ★

Der älteste Hochofen im Revier! Wo noch bis 1987 Eisen und Stahl erzeugt wurden, tummeln sich jetzt Ausflügler. Die Hütte ist heute ein Teil des LWL-Industriemuseums. Du verfolgst zwischen Hochofen und Gebläsehalle den „Weg des Eisens". Zwischen März und Oktober kannst du in der Schaugießerei das Metall sogar tatsächlich wieder fließen sehen. Ein kulinarisches Highlight bietet das *Restaurant Henrichs* mit feiner deutscher Küche in beeindruckendem Ambiente. *Di–So 10–18 Uhr, tgl. verschiedene Führungen | Werksstr. 31–33 | henrichshuette.de | 2½ Std.*

ESSEN & TRINKEN

RESTAURANT FACHWERK

Semi Hassine weiß, wie's geht. Mitten in der Hattinger Altstadt kredenzt er zusammen mit seinem Team bewährte Klassiker und neue Kreationen. Stets mit frischen, regionalen Zutaten und wohltuend schnörkellos. *So/Mo geschl. | Untermarkt 10 | Tel. 02324 6852770 | fachwerk-hattingen.de | €€–€€€*

In der Henrichshütte mit ihrem markanten Hochofen folgst du dem „Weg des Eisens"

BURG BLANKENSTEIN
Vom Biergarten im Burghof aus genießt du dein Bier oder deinen Wein mit einem weiten Blick über das Ruhrtal. Urig gehts im Burgkeller zu: Neben dem normalen Restaurantbetrieb kannst du hier auch speisen wie Burgfräulein und Könige, Ritter und Knappen zu ihren besten Zeiten – und dabei herausfinden, was sich hinter *suben vome rind met eyerstich* und *Burgtench forelle aus dem rauche met preiselbeer kren* verbirgt. Frag auch nach dem mittelalterlichen Rahmenprogramm mit Gauklern und Spielleuten! *Mo geschl. | Burgstr. 16 | Tel. 02324 3 32 31 | burgblankenstein.de | €€*

INSIDER-TIPP
Ja, so warn's, die alten Rittersleut

RUND UM HATTINGEN

3 ELFRINGHAUSER SCHWEIZ
10 km südlich von Hattingen/15 Min. über Bredenscheider und Elfringhauser Str.
An Wochenenden bei schönem Wetter ist der Andrang in dem Wandergebiet, das seinen Namen nicht zu Unrecht trägt: Ein wenig Puste gehört dazu, um ein Stück der über 30 km langen Wanderwege in der zum Teil recht steilen Hügellandschaft zu bezwingen. Erholung und Stärkung findest du in mehreren Gasthäusern am Wegrand. Wanderkarte und Infos unter *hattingen-elfringhausen.de* G6–7

HAMM & DER NORDEN

ZWISCHEN LAND UND STADT

Der Norden des Ruhrgebiets ist ein Landstrich der Kontraste. Die Städte sind entweder sehr viel kleinteiliger als im Zentrum des Ruhrgebiets oder sie wurden in Zeiten des Optimismus „auf Zuwachs" angelegt: Ihre 1960er-Jahre-Architektur entstand auf dem Reißbrett.

Diese Innenstädte lassen sich heute, unter dem Vorzeichen schwindenden Wachstums, schwer neu beleben. Hier im Norden wird es aber auch „landschaftlicher". Die kleinen Orte liegen im Übergang

Ein beliebtes Künstlermotiv, ein „Malerwinkel", ist die Altstadt von Schwerte

zum Münsterland, dem landwirtschaftlich genutzten Raum mit seinen Wasserschlössern, von denen einige noch zum Ruhrgebiet gehören. Die meisten für die Industrie wichtigen Wasserstraßen treffen sich auf dem Land.

HAMM & DER NORDEN

MARCO POLO HIGHLIGHTS

★ HALDE HOHEWARD
Diese Halde bietet nicht nur einen tollen Ausblick, sondern auch eine riesige Sonnenuhr und das Horizontobservatorium ➤ S. 105

★ HORSTMARER SEE
Baden mitten in der Kanallandschaft des Seeparks Lünen ➤ S. 98

★ LWL-INDUSTRIEMUSEUM SCHIFFSHEBEWERK HENRICHENBURG
Faszinierende Technik: zwei Hebewerke und zwei Schleusen in Waltrop ➤ S. 99

★ SKULPTURENMUSEUM
In Marl erwartet dich eine Sammlung moderner und zeitgenössischer Kunst ➤ S. 106

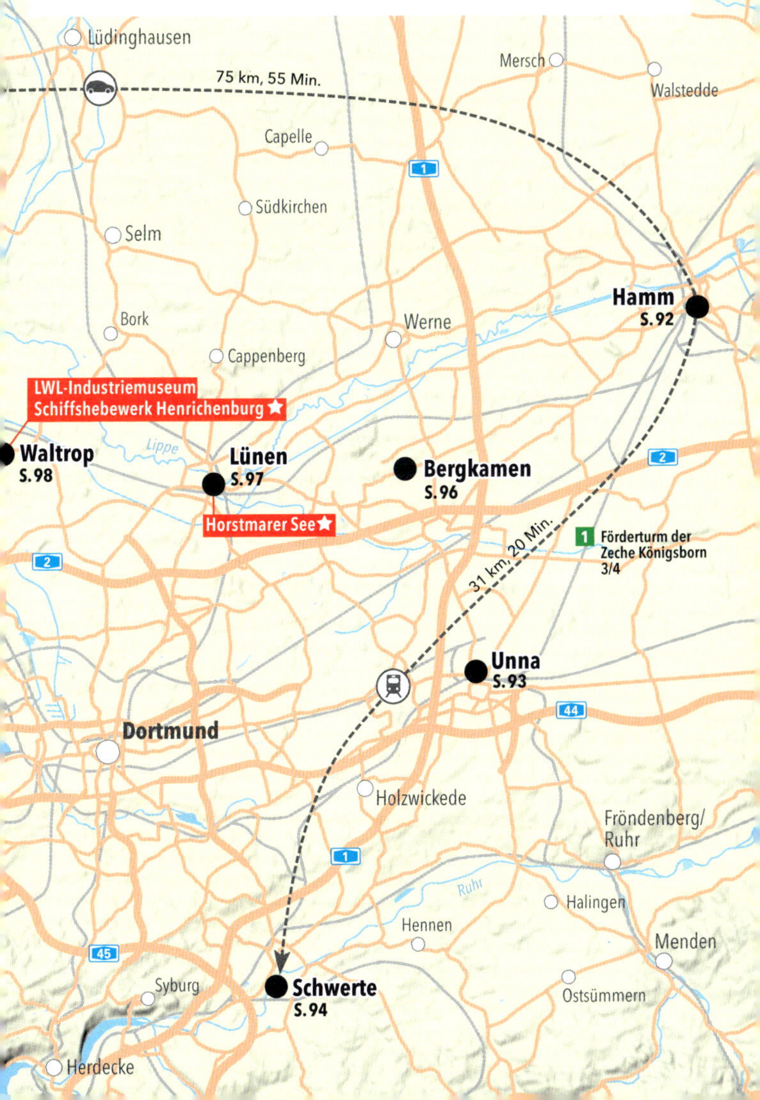

HAMM

(◫ M–N 2–3) **Weißt du, wo das größte Gebäude in Tiergestalt steht? Richtig, in Hamm! Die Kohlenwäsche der ehemaligen Zeche Maximilian verwandelte der Künstler Horst Rellecke im Rahmen der Landesgartenschau 1984 in einen riesigen, begehbaren Glaselefanten, der heute als Wahrzeichen der Stadt (179 000 Ew.) gilt.**

Tierisches Wahrzeichen: der berühmte Glaselefant in Hamm

Von der Spitze des Rüsseltiers aus kannst du dir einen ersten Eindruck über die am östlichsten gelegene Stadt des Ruhrgebiets verschaffen. Viele Grünflächen prägen das Bild, zugleich bieten die Hauptverkehrsachsen A1 und A2 eine optimale Anbindung. Am besten eroberst du dir das Stadtgebiet aber per Fahrrad und nutzt das gut ausgebaute Radwegenetz, um die ländlich geprägte Umgebung zu erkunden.

SIGHTSEEING

GUSTAV-LÜBCKE-MUSEUM

Du wirst glauben, vor einem riesigen Konzertflügel zu stehen: Das Kunst- und Kulturmuseum gegenüber vom Hauptbahnhof beeindruckt durch seine schwungvolle Architektur. Unter den fünf Dauerausstellungen zur Vor-, Früh- und Stadtgeschichte befindet sich auch die größte Ägyptensammlung Deutschlands. In Sonderausstellungen kannst du dich mit Themen aus Kunst- und Kulturgeschichte befassen. *Di–Sa 10–17, So 10–18 Uhr | Neue Bahnhofstr. 9 | museum-hamm.de | ⏲ 2 Std.*

MAXIMILIANPARK

Schau dir die Wiederauferstehung einer ehemaligen Waschkaue an – als größter Elefant der Welt! Hier haben sich früher die Bergleute nach ihrer Schicht vom Kohlenstaub befreit. Der heutige Maximilianpark war 1984 Schauplatz der ersten Landesgartenschau Nordrhein-Westfalens. An der Gestaltung des Rüsseltiers beteiligten sich die Künstler Horst Rellecke und

Friedensreich Hundertwasser. Das Ergebnis ist eine begehbare Plastik aus Stahl und Glas mit einem Aufzug im Elefantenrüssel, der die Besucher auf die 29 m hohe Aussichtsplattform bringt. Doch im Park gibt es nicht nur einen Elefanten, sondern auch quicklebendige Schmetterlinge. Schon einmal einem Glasflügelfalter begegnet, der wohl etwas über den Durst getrunken hat? So wirkt es zumindest, wenn er durch die Luft eiert. Um die 80 weitere Falter mit all ihren Eigenarten schwirren durch das märchenhafte *Schmetterlingshaus. Glaselefant und Schmetterlingshaus tgl. 10–18, Park bis 21 Uhr | Alter Grenzweg 2 | maximilianpark.de*

ESSEN & TRINKEN

GASTHOF HAGEDORN

Tradition mit Innovation zu verbinden ist ihr Erfolgsrezept: Klaus und Stephanie Hagedorn führen den 1906 eröffneten Gasthof in vierter Generation. Neben regionalen Spezialitäten bieten sie auch Raffiniertes wie etwa isländischen Westfjord-Lachs mit lila Süßkartoffelpüree und wildem Brokkoli an. *Mo/Di geschl. | Bockumer Weg 280 | Tel. 02381 6 48 56 | gasthof-hagedorn.de | €€*

AUSGEHEN & FEIERN

JAZZCLUB HAMM

Regelmäßige Veranstaltungen, organisiert durch einen sehr engagierten Verein, der es immer wieder schafft, auch hochkarätige Bands nach Hamm zu holen. Der Club hat zwei Standorte: das *Haus an der Geinegge* im Gasthof Hagedorn *(gasthof-hagedorn.de)* und den *Hoppegarden (hoppegarden-hamm.de). jazzclub-hamm.de*

UNNA

(📖 L–M4) **Am besten lernst du die alte Stadt Unna (61 000 Ew.) bei einem Rundgang durch die historischen Gassen mit liebevoll restaurierten Fachwerkhäusern kennen, die noch aus der Zeit der Hanse stammen.**

Die eigentliche Gründungsphase der Stadt begann um 1880, als die erste Zeche ihren Betrieb aufnahm. In der Folge siedelten sich Metall verarbeitende Betriebe und Brauereien in der Ackerbürgerstadt an. Heute hat sich die ehemalige Bergarbeiterstadt zum Verwaltungszentrum des gleichnamigen Kreises entwickelt. Und auch wenn sich Verwaltungszentrum langweilig anhören mag – Unna ist eine lebendige Stadt mit vielen Kulturveranstaltungen, Festen und einer aktiven Kreativszene.

SIGHTSEEING

NICOLAIVIERTEL

Unnas Künstlerviertel mit Galerien, Läden und Ateliers ist eine beliebte Gegend zum Bummeln und Schauen. Das *Nicolaihaus (Nicolaistr. 3 | komponistinnenbibliothek.de),* das dem Viertel seinen Namen gab, wurde nach einem großen Stadtbrand auf den alten Fundamenten 1730 neu erbaut. Das Gebäude steht heute unter der Obhut der Sybil-Westendorp-Stiftung und beherbergt eine internationale Komponistinnenbibliothek, in der regelmäßig Konzerte stattfinden.

ZENTRUM FÜR INTERNATIONALE LICHTKUNST

Ein Ort mit ganz eigenem Charakter: Das Zentrum präsentiert Lichtkunst tief unter der Erde – in den Kühlgewölben der ehemaligen Lindenbrauerei, die zu den traditionsreichsten Brauereien im Ruhrgebiet gehörte. 13 international bekannte Lichtkünstler erschufen Installationen eigens für diese Räume. Das Ergebnis: ein faszinierendes Zusammenspiel aus avantgardistischer Kunst und historischer Bausubstanz. *Nur geführte Besuche | Lindenplatz 1 | Tel. 02303 10 37 51 | lichtkunst-unna.de*

ESSEN & TRINKEN

RESTAURANT ÖLCKENTHURM

Kerzenschein, leise Hintergrundmusik und ein leckeres Fünfgängemenü in historischer Kulisse lassen jedes Romantikerherz höher hüpfen. Teile des Restaurants gehören zur alten Stadtmauer und schaffen ein traumhaftes Ambiente für ein schönes Dinner zu zweit. Die gehobene internationale Küche setzt dem Abend das Sahnehäubchen auf. Im Sommer ist der idyllische Biergarten eine tolle Alternative. *Mo/Di und außer So mittags geschl. | Grabengasse 27 | Tel. 02303 77 20 07 | oelckenthurm.de | €€*

INSIDER-TIPP
Pochende Herzen im Turm

RUND UM UNNA

1 FÖRDERTURM DER ZECHE KÖNIGSBORN 3/4

8 km nordöstlich von Unna/10 Min. über die Hammer Str.

Schon von Weitem kannst du den Förderturm über Schacht 4 der ehemaligen Zeche Königsborn in *Bönen* sehen. Der markante Bau ist Industriedenkmal und stellt ein typisches Beispiel regionaler Industriearchitektur der 1920er-Jahre dar. Die Bürgerstiftung kümmert sich um die Instandhaltung, organisiert Kulturveranstaltungen und führt durch den Turm. In seinem Inneren führt dich eine Treppe 55 m hoch. *Alfred-Fischer-Platz 1/ Zechenstraße | Turmführungen Tel. 02383 86 59 oder 02383 33 42 | foerderturm-boenen.de | M4*

SCHWERTE

(K–L 5–6) **Ganz nah dran und trotzdem ziemlich weit weg: Schwerte (50 000 Ew.) liegt idyllisch im Ruhrtal, dennoch ist die Metropole Ruhr schnell erreichbar.**

Beide Vorzüge nutzt die Stadt für ein Open-Air-Kulturereignis, das sie weit über die Region hinaus bekannt gemacht hat: Das „Welttheater der Straße" zieht jährlich nationale und internationale Künstler an sowie viele Gäste aus dem Ruhrgebiet. Die schöne Altstadt, das Ruhrtalmuseum und die

Rohrmeisterei sind das ganze Jahr kulturelle Hotspots.

SIGHTSEEING

ALTSTADT

Theater ist nur an zwei Tagen im Jahr, aber die Bühne bleibt ganzjährig zu sehen: Die reizvolle Altstadt erschließt sich bestens bei einer „Tour, die sich lohnt" (Broschüre in der Touristinformation). Einmalig in Nordrhein-Westfalen: Der *Laternenweg* erhellt heimische Sagen mittels Scherenschnitten an Laternen.

RUHRTALMUSEUM

Spannende Ausstellungen zu den Themen Geologie, Urgeschichte, Mittelalter, Stadt- und Industriegeschichte. Das Museum ist derzeit wegen Umbau geschlossen. *Brückstr. 14 | schwerte.de*

ESSEN & TRINKEN

GLASKASTEN

Mit Blick auf Ruhrwiesen und in gelungen restauriertem Industrie-Ambiente kommt Kreatives auf den Teller, von deftig bis edel. Sehr zu empfehlen auch die abwechslungsreichen Veranstaltungen in der Rohrmeisterei. *Mo und außer Sa/So mittags geschl. | Ruhrstr. 20 | Tel. 02304 2013001 | rohrmeisterei-schwerte.de | €€–€€€*

SHOPPEN

SCHWERTER SENFMÜHLE ⚑

Leckere scharfe Sachen in vielen Sorten: Die Wurzeln der Senfproduktion

Wie scharf kannst du? In der Senfmühle kannst du dich mit Senf eindecken

in dieser Mühle reichen bis 1845 zurück, die Produkte wie Bier- oder Estragonsenf haben heute Kultstatus. *Mi und Sa 10–13 Uhr (Führungen mgl.) | Ruhrstr. 16 | Tel. 02304 776111 | schwerter-senfmuehle.de*

SPORT & SPASS

KANUTOUR AUF DER RUHR

INSIDER-TIPP
Mit Paddel und Pedalen

In die Pedale treten oder lieber im Kanu das Paddel schwingen? Bei der *Ruhrtour Hengsteysee* brauchst du dich nicht zu entscheiden. Mit dem Team von *Lenne-Ruhr-Kanu-Tour* geht es erst ge-

Monaco-Feeling am Datteln-Hamm-Kanal: Yachten an der Marina Rünthe

mächlich die Ruhr entlang, vorbei an Wasservögeln und Wildgänsen, bis zur denkmalgeschützten Pumpstation. Ab hier wird der Fluss etwas belebter, lässt sich aber auch für Einsteiger gut bewältigen. Endstation: die Lennemündung und der Hengsteysee. Nun geht es über den Ruhrtal-Radweg zurück nach Schwerte. *Weitere Touren auf Anfrage | Kanucamp Schwerte | Ruhrstr. 18 | Tel. 02304 6 16 99 | ruhrkanu.de*

BERGKAMEN

(L3–4) **Die einstmals reine Industriestadt hat sich zu einem interessanten Ziel für Touristen gemausert.** An maritimes Lebensgefühl denkt wohl erst einmal niemand, wenn er Bergkamen (50 000 Ew.) hört. Genau das kannst du aber am Datteln-Hamm-Kanal genießen, denn dort hat sich ein ehemaliger Kohlehafen in einen schicken Yachthafen verwandelt. Malerisch ist auch der Norden Bergkamens: Hier erstreckt sich die Lippeaue. Mitten durch Bergkamen läuft die Römer-Lippe-Route, die dich zu historischen Fundstellen aus der Zeit der Legionäre führt.

SIGHTSEEING

HALDE GROSSES HOLZ

Wenn du diese Halde erobern möchtest, folg der Farbe Blau: An Stauden und Sträuchern wie Lavendel, Sommerflieder, Wiesensalbei entlang und vorbei an blauen, hohen Leuchten, die Fördertürmen nachempfunden sind, bis du schließlich den höchsten Punkt, die Ardener Höhe, erreichst. Hier lässt bei Dunkelheit das *Lichtkunstwerk Impuls* die Halde mit pulsierendem Licht erstrahlen. Bevor sich die Dämmerung über Bergkamen legt, genieß auf jeden Fall noch den phantastischen Panoramablick: Im Norden schaust du bei gutem Wetter bis tief ins Münsterland hinein, im Südosten wird der Haarstrang sichtbar, der Blick Richtung Süden weist ins Sauerland und im Südwesten ragt der Dortmunder Fernsehturm deutlich sichtbar empor. Ein beliebter Treffpunkt (nicht nur) an Silvester! *Besucherparkplatz an der Erich-Ollenhauer-Str., gegenüber der Einfahrt zur Binsenheide oder Besucherparkplatz Waldstr. | bergkamen.de*

NATURSCHUTZGEBIET BEVERSEE

Hier erlebst du hautnah die Schönheit der Natur. Entstanden durch eine vom Bergbau verursachte Bodensenkung, ist das Gebiet rund um den Waldsee heute Heimat für diverse Tier- und Pflanzenarten. Mach dich auf die Suche nach wilden Orchideen und schau den Baumfalken beim Libellenfang zu. Oder beobachte ganz leise die Brutstätten von Graureihern, Kormoranen und Spießenten. Mit viel Glück bekommst du sogar den scheuen Eisvogel zu Gesicht – sein prächtig blau schimmerndes Federkleid macht ihn unverwechselbar. *Anfahrt über Werner Str. | biostationunna.de/?page_id=189*

INSIDER-TIPP
Der Duft von wilden Orchideen

MARINA RÜNTHE

Wo Anfang des 20. Jhs. noch Massengüter wie Steinkohle, Kies, Sand und Heizöl verladen wurden, präsentiert sich heute stolz ein hervorragend ausgestatteter Yachthafen mit 286 Liegeplätzen. Das Sportbootzentrum liegt direkt am Datteln-Hamm-Kanal mit einer schönen Promenade. Wer selbst mal ablegen möchte: Die Marina beheimatet mehrere Bootsfahrschulen.. An den Ufern befinden sich Fuß- und Radwege, Wassersporteinrichtungen und mehrere Lokale. *Hafenweg 30 | yachthafen-marina-ruenthe.de*

ESSEN & TRINKEN

RESTAURANT AM YACHTHAFEN

Richtig gut: Steaks, die im 800 Grad heißen Ofen brutzeln und so einen einmaligen Röstgeschmack erhalten. Im Biergarten kommt dank Yachthafenblick mediterranes Lebensgefühl auf. *Di geschl. | Hafenweg 40–42 | Tel. 0238 9 62 62 | restaurant-am-yachthafen.com | €€*

LÜNEN

(🕮 K3–4) **Lünen (88 000 Ew.) vereint städtischen und ländlichen Charme, denn die Stadt liegt an der Nahtstelle zwischen Ruhrgebiet und Münsterland.**

Dass hier 100 Jahre lang der Kohleabbau eine große Rolle spielte, veranschaulicht z. B. das Bergarbeiterwohnmuseum. Über allem schwebt das *Colani-Ufo* – so wird der Lüntec-Tower genannt, der als Wahrzeichen der Stadt und Symbol des Strukturwandels gilt. Er fungiert als wohl originellstes Großraumbüro der Region.

SIGHTSEEING

BERGARBEITERWOHNMUSEUM

In einem alten Zechenhaus im Stadtteil Brambauer wird gezeigt, wie Bergleute in den 1930er-Jahren gelebt haben. *Di und So 15–17, Do 17–19 Uhr | Rudolfstr. 10 | ⏲ 1 Std.*

ESSEN & TRINKEN

WESTERMANN'S

Einfallsreiche Kochkunst, ohne dabei aber die westfälischen Wurzeln zu vergessen: Anke Westermann und Manuel Kraas wissen, wie es geht, und mo-

dernisierten das Traditionshaus zu einem Restaurant mit feinem Landcharme. Eine Dépendance gibts im Dortmunder Kaiserviertel. *Tgl. | An der Wethmarheide 120 | Tel. 02306 1 24 60 | westermanns.nrw | €€*

SPORT & SPASS

SEEPARK LÜNEN

Früher stand hier die Zeche Preußen. Nach der Stilllegung war die Landesgartenschau 1996 ein willkommener Anlass, die Industriebrache samt Preußenhalde und Bergsenkungsgebiet neu zu gestalten. Heute lockt der an den Datteln-Hamm-Kanal grenzende ★ *Horstmarer See* mit einem großen Sandstrand. Der Seepark ist optimal an das regionale Radwegenetz angebunden. Hier liegt auch das bekannte *Horstmarer Loch:* Verursacht durch Bergsenkungen, liegt das Geländeniveau an dieser Stelle um 8 m tiefer. Wer hinaufschaut, sieht die Schiffe auf dem Kanal über sich wie am Horizont vorbeifahren. *Parkmöglichkeiten an der Scharnhorststr. und am Schwansbeller Weg | luenen.de*

WALTROP

(📖 J3) **Nahe am Münsterland, hat die kleine Bergbaustadt (29 000 Ew.) viel Grün zu bieten.**

Waltrop ist hervorragend an den Emscher-Park-Radweg angeschlossen – auch für ungeübte Radfahrer sind die steigungsarmen Wege an den Kanälen bestens geeignet. Allein durch das Stadtgebiet verlaufen 32 km Kanalufer.

SIGHTSEEING

HISTORISCHER ORTSKERN

In den Gassen rund um die Pfarrkirche St. Peter findest du Tradition und Moderne ganz nah beieinander. Inmitten der vielen denkmalgeschützten Fachwerkhäuser liegt auch der *Tempel*, das älteste Fachwerkhaus Waltrops.

ZECHE WALTROP

Eine außergewöhnlich schöne Schachtanlage im Stil des Historismus. Liebevolle Details wie verschnörkelte Treppengeländer, aufwendig gestaltete Backsteinfassaden mit weißen Putzflächen, zahlreiche Giebel und Dachornamente, schöne Fensterbögen und Eingangsportale lassen die frühere Nutzung kaum erahnen. 1903–06 errichtete der preußische Staat die Zeche, um die kaiserliche Marine mit Kohle zu versorgen. Bis 1979 wurde auf der „Zeche im Grünen" gefördert. Seit 1988 steht das Ensemble unter Denkmalschutz. Im heutigen Gewerbepark Zeche Waltrop haben sich zahlreiche Unternehmen angesiedelt wie etwa das Warenhaus Manufactum. *Sydowstr. | waltrop.de*

LWL-INDUSTRIEMUSEUM SCHIFFSHEBEWERK HENRICHENBURG ★

Dieses Bauwerk aus Kaiserzeiten, mit dem der Höhenunterschied zwischen zwei Kanälen überwunden wurde, hat Waltrop bekannt gemacht. Der schöne, mit diversen baulichen Accessoires der Jahrhundertwende versehene Bau von 1899 hat die Schiffe in einer Wanne mit Wasser gehoben und gesenkt. 14 m mussten überwunden werden. Besteig die Treppe zur Brücke zwischen den beiden Türmen und genieß den tollen Blick auf Waltrops Kanallandschaft. In der Maschinenhalle erfährst du alles über die Entstehungsgeschichte des Schiffshebewerks. Zu besonderen Anlässen schickt das Team die historischen Schiffe auf Fahrt – du darfst sogar mitschippern. Oder du fährst mit dem *Fahrgastschiff Henrichenburg (mehrmals tgl. im Sommer)* über die Kanäle – ein Erlebnis für große und kleine Seefahrer. *Di–So 10–18 Uhr | Am Hebewerk 26 | schiffshebewerk-henrichenburg.de*

ESSEN & TRINKEN

GASTHAUS STROMBERG

Neues Fachwerk außen und stilvollmodernes Ambiente innen schaffen viel Atmosphäre. Auf der Karte findest du beste Hausmannskost neben phantasiereichen Neukreationen. Die Herkunft der Lebensmittel ist immer gut gewählt: Ziegenkäse vom Hof Sondermann, Fleisch von der Bauerngemeinschaft Hohenlohe und Gemüse, das auf den Feldern in und um Waltrop wächst. *So/Mo und außer Sa mittags geschl. | Dortmunder Str. 5 | Tel. 02309 42 28 | gasthaus-stromberg.de | €€–€€€*

SHOPPEN

MANUFACTUM

Der Versandhandel Manufactum ist Ende der 1990er-Jahre in das Gebäude der Zeche Waltrop eingezogen.

Den Blick ins Innere solltest du unbedingt riskieren: Ohne die alte Ziegelhülle zu zerstören, sind hier gläserne Büros galerieartig in die zentrale Halle gebaut worden. Das Unternehmen bietet in verschiedenen Gebäuden auf dem Gelände nahezu sein gesamtes Warensortiment an: vom Wasserkessel über die Schreibtischlampe bis zum Kühlschrank. Lust auf eine Brotzeit? Dann musst du im angrenzenden Laden *Brot & Butter* unbedingt die frisch belegten Stullen probieren! Und wenn du dann schon mal da bist, deck dich doch gleich mit Lebensmitteln wie handwerklich hergestellter Wurst und Klosterbier ein. *Mo–Fr 11–19, Sa 10–18 Uhr | Hiberniastr. 4 | manufactum.de*

INSIDER-TIPP
Beste Stulle der Stadt

CASTROP-RAUXEL

(□ H–J4) **Die Stadt (75 000 Ew.) ist immer noch Synonym für tiefsten Ruhrpott. Vier große Zechen bestimmten das Leben in Castrop-Rauxel.**

Die Halde der ehemaligen Zeche Graf Schwerin ist heute der höchste Punkt der Stadt. Neben den alten Zechen gibt es aber noch einiges mehr zu entdecken: Kirchen, Schlösser, Zeugnisse der Industriekultur und auch Kunstobjekte. Besonders sehenswert ist der Castroper *Altstadtmarkt* mit seinen Jugendstilhäusern.

SIGHTSEEING

ZECHE ERIN/-KELTISCHER BAUMKREIS

Wer etwas über sich und sein Baumzeichen wissen will, der sollte den keltischen Baumkreis am Fuß des alten Hammerkopfturms Erin besuchen. Erin ist der keltische Name für die Grüne Insel, denn der Ire Thomas Mulvany war hier der Zechengründer. Rund um den Turm wurden diverse Bäume gepflanzt, die an den mythischen Baumkalender der Kelten erinnern sollen. Der alte *Hammerkopfturm Schacht 3* kann auf Anfrage besichtigt werden. *Bodelschwingher Str. 3 | erin-foerder-turm-verein.de*

HALDE SCHWERIN

Künstler und Bürger haben für die Verwandlung der Halde in ein begehbares Kunstwerk gesorgt. Vier als Kreuz angelegte Wege führen zum Gipfel. Der Aufgang ist an der Bodelschwingher Straße mit einer Eisenstele markiert. Auf dem Plateau ragen die Stahlstäbe einer Sonnenuhr des Künstlers Jan Bormann in den Himmel. Wenn du den Ausblick ausgiebig genossen hast, lohnt der Abstieg nach Norden ins Deininghauser Bachtal und das Castroper Holz.

ESSEN & TRINKEN

HAUS HÖLTER

Frank Philipp hauchte dem Traditionshaus neues Leben ein: gehobene deutsche Küche mit regionalen Zutaten und fairen Preisen sowie ein traumhaft schöner Biergarten mit

Beachlounge direkt am Rhein-Herne-Kanal. *Mo geschl.* | *Suderwicher Str. 90* | *Tel. 02367 84 45* | *haushoelter.de* | *€€*

SPORT & SPASS

NATURHINDERNIS--PFERDERENNBAHN

Mit dem irischen Zechengründer kam ein brutaler Pferdesport nach Castrop: das Naturhindernisrennen. Heute lohnt das hügelige Wiesengelände mit einem Naturlehrpfad einen Spaziergang. *Dortmunder Str.* | *castroper-rennen.de*

AUSGEHEN & FEIERN

PARKBAD SÜD

Kulinarische Genüsse und außergewöhnliche Events – alles in einem 1920er-Jahre-Freibad mitten im Stadtgarten. Die denkmalgeschützte Location wird für ein *Restaurant (Mo–Mi und außer So mittags geschl.* | *€€)* sowie Veranstaltungen aller Art genutzt. Schön sind Sommerabende, an denen das leere Schwimmbad Ort der Aufführungen ist. *Am Stadtgarten 20* | *Tel. 02305 9 98 96 13* | *parkbad-sued.de*

RECKLING-HAUSEN

(▯ G–H3) **Bekannt ist Recklinghausen (119 000 Ew.) nicht nur für seinen schönen Altstadtkern, sondern vor allem als Festspielstadt.**
Jedes Jahr finden sich im Mai und Juni international renommierte Künstler

Ein stilisiertes Stonehenge im Pott? Nein: die begehbare Sonnenuhr auf Halde Schwerin!

Der Altstadtmarkt ist das lebendige Herz Recklinghausens

und Ensembles aller Sparten ein und bringen die Theater-, Musik- und Tanzwelt ins Festspielhaus: Die Ruhrfestspiele Recklinghausen werden traditionell an jedem 1. Mai mit einem großen Volksfest eröffnet. Dass diese Kreisstadt eine lange Geschichte hat – unter anderem als Hansestadt –, lässt sich am historischen Stadtkern ablesen, der von der frühen Blütezeit Recklinghausens zeugt.

SIGHTSEEING

ALTSTADT

Der Wallring mit den vielen Adelstiteln – Königs-, Kaiser-, Grafen-, Kurfürsten- und Herzogswall – umschließt die Altstadt. An dessen Rand liegt das sehenswerte *Rathaus*, ein verspielter Historismusbau von 1908. Im Mittelpunkt des Stadtkerns liegen die winzige *Gastkirche*, aus einem Armenhaus 1366 hervorgegangen, und der *Altstadtmarkt*. Hier schlägt seit jeher das Herz der Stadt: Der Markt ist Kulisse für die unterschiedlichsten Veranstaltungen. Nicht weit vom Markt hat sich das Viertel *Krim* zu einem Altstadtkleinod entwickelt: Hochwertiger Einzelhandel, Erlebnisgastronomie und attraktiver Wohnraum machen es zu einem beliebten Treffpunkt.
Am *Herzogswall* kannst du einen Teil der alten Stadtmauer sehen, 17 Wehrtürme und fünf Stadttore waren einst in den steinernen Wall eingebaut. Heute steht das letzte Stück Mauer am Park der *Engelsburg*, des bedeutendsten Profangebäude Recklinghausens. Gut eine Stunde dauert der ausgeschilderte „Stadtrundgang" durch die Innenstadt. *Start: Rathausplatz 3*

IKONENMUSEUM

Das weltweit bedeutendste Museum ostkirchlicher Kunst außerhalb der orthodoxen Länder. Stickereien, Miniaturen, Holz- und Metallarbeiten aus dem christlichen Osten vermitteln einen umfassenden Überblick über die Themen und die stilistische Entwicklung. *Di–So 11–18 Uhr | Kirchplatz 2a | ikonen-museum.com | ⏲ 1½ Std.*

MUSEUM JERKE

Das einzige Museum für moderne polnische Kunst außerhalb Polens. Sofort ins Auge sticht der Granitbau, der die vom Kunstsammler Dr. Werner Jerke gesammelten Werke polnischer Künstler beheimatet. *Fr 14–18, Sa 11–15 Uhr | Johannes-Janssen-Str. 7 | museumjerke.com | 1½ Std.*

KUNSTHALLE RECKLINGHAUSEN

Im ehemaligen Bunker steht die Kunst nach 1945 im Fokus. Die Kunstgruppe „Junger Westen" entstand hier, der Preis gleichen Namens wird jährlich verliehen. Ebenfalls jedes Jahr findet hier die begleitende Kunstausstellung der Ruhrfestspiele Recklinghausen statt. *Di–So 11–18 Uhr | Große-Perdekamp-Str. 25–27 | kunsthalle-recklinghausen.de | 1½ Std.*

ZEITREISE STROM – DAS DEUTSCHE ELEKTRIZITÄTSMUSEUM

Kennst du noch Tetris und Ping? Diese aus heutiger Sicht wohl schon historischen Videospiele darfst du hier noch einmal wiederentdecken. Das im alten Umspannwerk *(umspannwerk-recklinghausen.de)* beheimatete Museum erzählt anhand von zwölf Kapiteln die Geschichte der Elektrifizierung. Klettere auf eine elektrische Straßenbahn von 1916, lass alte Musikboxen und Elektroklaviere erklingen und staun über Europas größte Plasmakugeln, die blitzartig Leuchterscheinungen erzeugen. *Mo–Sa 10–17, So 10–18 Uhr | Uferstr. 2–4 | zeitreisestrom.de | 2 Std.*

INSIDER-TIPP
Für Blitzdenker

ESSEN & TRINKEN

1780 – FOODBAR

Kulinarischer Sturm und Drang im umgestalteten Gewölbekeller des ehemaligen Auerbach's (Baujahr 1780) in der Altstadt: innovative Bistroküche ohne Chichi, dazu gute Weine und eine Sommerterrasse. *Mo/Di und mittags geschl. | Heilige-Geist-Str. 3 | Tel. 02361 9 08 04 00 | 1780-foodbar.de | €€*

STADTHAFEN

Küstenfeeling am Rhein-Herne-Kanal? Im Stadthafen geht das mit kalten Drinks, Karibikflair und Industriekulisse zusammen. Auf 3500 m² Fläche ist Strandleben angesagt. Eigener Bootsanleger! *Di–Sa ab 15, So ab 12 Uhr | Am Stadthafen 10 | Tel. 02361 9 60 62 11 | stadthafen.com | €*

SPORT & SPASS

Auf dem Zechengelände im Stadtteil Hochlarmark ist ein *Bike- und Skatepark* entstanden. In den Park integriert sind das alte Fördergerüst, beliebt bei Boulespielern, und die Maschinenhalle als Adresse eines Tanzsportvereins.

AUSGEHEN & FEIERN

MOONDOCK

Auf dem ehemaligen Kokereigelände König Ludwig ist die alte Lohnhalle zu einer angesagten Disco umgebaut worden – mit einem Musikangebot für alle Altersgruppen. *Fr/Sa ab 21 Uhr | Alte Grenzstr. 153d | moondock.tv*

Cool ist schon der Anmarsch: Auf der Drachenbrücke gelangst du zur Halde Hoheward

HERTEN

(▯▯ G4) **Eine Stadt (62 000 Ew.) zwischen den Welten: Herten liegt im nördlichen Ruhrgebiet und am Übergang zum ländlichen Münsterland, sodass sich hier Zechen mit Schlössern abwechseln.**

Der alte Ortskern blieb vom Bergbau räumlich getrennt und hat heute kleinstädtischen Charakter. Das Leben bestimmten früher die Zechen Schlägel & Eisen und Ewald. Seit der Schließung von Ewald im Jahr 2000 entstanden durch Logistik und Gewerbe über 1000 neue Arbeitsplätze, alte Bausubstanz wird neu genutzt.

SIGHTSEEING

SCHLOSS HERTEN

Drei mächtige Ecktürme sind die markanten Erkennungszeichen dieser spätgotischen Wasserburg. Nach einem Großbrand 1687 wurde sie neu aufgebaut. Als barockes Merkmal ist noch ein einzigartiges Deckenfresko erhalten. Auch den Schlossgarten musst du unbedingt besuchen. Im April findest du ein gelbes Meer von Narzissen, im Mai blühen Rhododendren und Magnolien um die Wette. Das restliche Jahr über kannst du botanische Exoten wie den Taschentuchbaum und den Maiglöckchenbaum entdecken. *herten.de* | *1½ Std.*

WESTERHOLT

Als „westfälisches Rothenburg" wird der historische Ortskern dieses Stadtteils von Herten bezeichnet. Liebevoll restaurierte kleine Fachwerkhäuser und das im klassizistischen Stil 1830 erbaute Schloss des Grafen Westerholt gehören zum „Alten Dorf", das wegen seiner kulturhistorischen Bedeutung ins Förderprogramm „Historische Ortskerne in NRW" aufgenommen wurde. *Zugang über die Mühlenkampstr., Ecke Ostwall*

HALDE HOHEWARD ★

Von der Kohle zur Sonne: Auf der Halde zeigt ein überdimensionaler Zeiger in Form eines Stahlobelisken den Gang der Sonne auf dem Plateau und damit die Zeit an. Jährlich für einen Abend im Sommer verwandelt sich die Halde in einen besonders magischen Ort: Um die 10 000 Menschen pilgern zum Gipfel und feiern beim „Sunset-Picknick" zu elektronischer Musik in den Sonnenuntergang. Lust auf einen ungewöhnlichen Spaziergang? Dann vertrau dich dem Drachen an. Als Zugang zur Halde dient die expressive feuerrote *Drachenbrücke,* die auf 165 m Länge die Straße überquert. *Besucherzentrum Hoheward: Di–Fr 10–18, Sa/So 10–13.15 und 13.45–18 Uhr | Werner-Heisenberg-Str. 14 | hoheward.rvr.ruhr*

INSIDER-TIPP
Sonnentanz auf taubem Gestein

HALDE HOPPENBRUCH

Ein Landschaftsbauwerk der besonderen Art: Auf der Nachbarhalde von Hoheward thront ein Windrad. Du möchtest Hoheward und Hoppenbruch an einem Tag kennenlernen? Dann probier mal *Halden-Hügel-Hopping (halden-huegel-hopping.de),* eine Themenwanderung durch die Region.

ESSEN & TRINKEN

GASTHOF ALTES DORF

Idyllisch am Rand des historischen Kerns von Westerholt gelegener Familienbetrieb. Das Ambiente ist urig-gediegen. Der Koch schaut gerne über den Tellerrand hinaus und zaubert kreative Gerichte mit Liebe zu regionalen und saisonalen Produkten. *Mi/Do geschl. | Schlossstr. 15 | Tel. 0209 61 36 43 | altes-dorf.de | €€*

GLADBECK

(▯▯ F4) **Vom einstigen Dorf zur Bergbaumetropole – heute ist Gladbeck (78 000 Ew.) eine quirlige Stadt.**

Die Spuren verschiedener Epochen liegen in der flachen Landschaft dicht beieinander: das alte Schloss neben den Zechensiedlungen und Zechenhallen neben begrünten Halden. Der Wittringer Wald mit seinem Wasserschloss ist die grüne Lunge von Gladbeck.

SIGHTSEEING

HAUS WITTRINGEN

Hier kannst du den Tag bei einem Sommerspaziergang im Stadtpark rund um das Wasserschloss mit seinen vielen Freizeitmöglichkeiten ausklingen lassen. Die Stadt kaufte das Anwesen 1922 und richtete es im nachempfundenen Renaissancestil wieder her; heute beherbergt es das *Museum der Stadt Gladbeck (April-Okt. Di-So 11–18, Nov.-März Di-Sa 12–18, So 11–18 Uhr | museum-gladbeck.de | ⏱ 2 Std.),* das das Leben der Menschen in Gladbeck von der Frühzeit bis heute zeigt: von fossilen Überresten über Zeugnisse des Bergbaus bis zur modernen Stadtgeschichte. Zum Schluss des Besuchs lockt die Schlossgastronomie *(Mo geschl. | Tel. 02043 2 23 23 | €€). Burgstr. 64*

MASCHINENHALLE ZWECKEL

Imposanter, 1909 errichteter Ziegelbau: Schmiedearbeiten zieren die Geländer, geschwungene Treppen führen auf die Galerie, von der aus man früher einen Blick über alle Maschinen hatte. Alles, von dem man vermutet, dass es aus Holz ist, besteht aus Stahl, u. a. die Türrahmen. Zwei übereinanderliegende Reihen von Rundbogenfenstern geben der Halle einen sakralen Touch – das unterscheidet sie von vielen anderen ihrer Bauart. Die Halle wird im Sommer für Veranstaltungen genutzt und ist Spielort der Ruhrtriennale. *Besichtigung nur bei Führungen, jeden 2. und 4. So im Monat um 14 Uhr | Frentroper Str. | Tel. 0231 93 11 22 33 | industriedenkmal-stiftung.de*

ESSEN & TRINKEN

MEYGARTEN

Sämtliche Generationen sitzen im Meygarten friedlich beisammen. Kein Wunder: Es bietet Bistroatmosphäre, einen Biergarten und für Vegetarier eine kleine vegetarische Karte. *So/Mo geschl. | Am Meyplatz 1 | Tel. 02043 92 93 10 | Facebook | €-€€*

AUSGEHEN & FEIERN

AFRIKA LOUNGE

Cocktails, Livemusik und Leckeres für den kleinen Hunger. Neben Cocktailklassikern kannst du auch viele alkoholfreie Kreationen probieren. *Mo-Sa ab 17 Uhr | Goethestr. 59 | afrika-lounge.com*

MARL

(🕮 G3) **Das ehemalige Heidedorf (87 000 Ew.) ist heute eine innovative Industriestadt im Grünen und einer der führenden Chemiestandorte Europas.**

Ein riesiges Werksgelände mit eigenem Hafen erstreckt sich am Wesel-Datteln-Kanal. Das Zentrum der Stadt wurde in den 1960er- und 1970er-Jahren planmäßig angelegt. Das Konzept ging, wie vielerorts, nicht auf und teilweise wurden Hochhäuser bereits zurückgebaut. In Marl ist übrigens auch der Sitz des Adolf-Grimme-Instituts, das jährlich den renommierten Grimme-Fernsehpreis verleiht.

SIGHTSEEING

SKULPTURENMUSEUM ★

In den Ausstellungsräumen des 1982 gegründeten Museums kannst du

Maschinenhalle Zweckel: Spielort der Ruhrtriennale mit ganz besonderer Atmosphäre

Skulpturen der klassischen Moderne und der zeitgenössischen Kunst sehen. Das Spektrum reicht von Auguste Rodin über Ernst Barlach bis zu Wilhelm Lehmbruck. Ein weiterer Schwerpunkt des Hauses ist die Videokunst. Nachdem das Museum seinen Standort im Marler Rathaus verlassen hat, ist es bis zum Umzug ins Kulturzentrum Marschall 66 (Eröffnung voraussichtlich 2024) mit einer etwas verkleinerten Ausstellungsfläche in einem Pavillon in Marl-Hüls zu finden. *Di–Fr 11–17, Sa/So 11–18 Uhr | Martin-Luther-King-Gesamtschule, Georg-Herwegh-Str. 67 | skulpturenmuseum-glaskasten-marl.de | 1½ Std.*

INFOZENTRUM CHEMIEPARK

Wusstest du, dass hier eine riesige Anlage steht, die nichts anderes macht, als Luft in ihre Bestandteile zu zerlegen? Oder dass eine der großen Rohrbrücken nicht mehr genietet und geschweißt, sondern mit den modernen Produkten der Chemie genauso fest verklebt wurde? Eine Werksführung im Chemiepark Marl gibt interessante Einblicke. Die Ausstellung zur Geschichte und Gegenwart des Chemieparks ist jeweils eine Stunde vorher geöffnet. *Aktuelle Führungszeiten auf der Website | Lipper Weg 235 | short.travel/ruh5 | 1½ Std.*

ESSEN & TRINKEN

BULLERKOTTE

INSIDER-TIPP
Wilde Dinger

Wie wild darf ein Koch sein? Gar nicht wild genug, findet Thilo Bullerkotte, der seinen Gästen spannende Gerichte im euroasiatischen Stil zeigt. Das 24 Stunden gegarte Ferkelbäckchen im Teriyakifond serviert der kreative Kopf mit Spitzkohl und Süßkartoffeln. Als Dessert wartet gebackenes Vanillerahmeis mit Marzipan, Malzbierteig und Apfel. Auf jeden Fall eine Entdeckung! *Mo/Di geschl. | Westerholter Str. 160 | Tel. 02365 15161 | restaurant-bullerkotte.de | €€*

Im Rhododendronparadies: Frühling am Wasserschloss Lembeck

SPORT & SPASS

FLUGPLATZ LOEMÜHLE

Nach Ende des Flugverkehrs ab 20 Uhr können Inlineskater im Sommer freitags die Start- und Landebahn nutzen. Ein großer Publikumserfolg! Zudem werden Tandem-Fallschirmsprünge sowie Rundflüge *(25–60 Min. | 99–179 Euro)* angeboten. Erfrischungen und kleine Speisen gibt es im Flughafenrestaurant. *Hülsstr. 301 | Tel. 02365 9 89 60 | flugplatz-loemühle.de*

AUSGEHEN & FEIERN

THOMAS MULVANY'S IRISH PUB

Cheers: Mit typischen Bieren von der Insel und diversen Whiskeys bewirtet der Ire Ken Sheerins seine Gäste in einem urigen Fachwerkhaus in Alt-Marl. *Mo–Sa ab 17 Uhr | Hochstr. 1 | irish-pub-marl.de*

RUND UM MARL

2 SCHLOSS LEMBECK

17 km nordwestlich von Marl/25 Min. über Wulfen

Ohne Zweifel ist dieses Wasserschloss eine der schönsten Schlossanlagen Westfalens. Im 12. Jh. für die Ritter von Lembeck errichtet, wurde das Schloss immer wieder ergänzt und zu einer wasserumwehrten Burg ausgebaut. Die Herren von Westerholt ließen im 17. Jh. die bis dahin bescheidene Burg in ein beeindruckendes Wasserschloss mit barocken Formen verwandeln. Die Parkanlage ist besonders zur Rhododendronblüte reizvoll. *Park Mo–Fr 11–17, Sa/So 10–18 Uhr, Schlossführungen nur mit Anmeldung (s. Website) | schlosslembeck.de | F2*

HALTERN

(G–H2) **Rund um Haltern (39 000 Ew.) sieht es so aus, wie man es im Ruhrgebiet eigentlich gar nicht vermutet.**

Der Halterner Stausee wurde 1920, der Hullerner Stausee 1985 angelegt, die Flüsse Lippe und Stever durchziehen die Heide- und Waldgebiete, von denen einige unter Naturschutz stehen. Der über 2000-jährigen Stadtgeschichte spürst du im historischen Ortskern und im Römermuseum nach.

SIGHTSEEING

RÖMERMUSEUM

Die außergewöhnliche Architektur des Museumsgebäudes zeichnet ein römisches Feldlager nach. Die Grabungsfunde werden durch Modelle und Videos erklärt. Neben der Dauerpräsentation gibt es immer wieder spektakuläre Einzelausstellungen. *Di–Fr 9–17, Sa/So 10–18 Uhr | Weseler Str. 100 | roemermuseum-haltern.de | 1½ Std.*

ESSEN & TRINKEN

RATSSTUBEN

Seit 2018 leuchtet über dem Restaurant von Daniel Georgiev ein Michelinstern, den er und sein Team jedes Jahr mit einer gekonnten Mischung aus gehobener und moderner, internationaler und saisonaler Küche verteidigen. Topweinkarte mit über 250 Positionen! *So/Mo geschl. | Mühlenstr. 3–5 | Tel. 02364 34 65 | hotel-haltern.de | €€€*

RUND UM HALTERN

3 HAARD

8 km bis zum Forsthaus Haidberg südlich von Haltern/12 Min. über die Recklinghäuser Str.

Ruhris nennen die Haard mit ihrem 55 km² großen zusammenhängenden Waldgebiet die grüne Lunge des Reviers. Sie wird durchzogen von der Lippe und dem Wesel-Datteln-Kanal und lädt zu langen Spaziergängen und Radtouren auf gekennzeichneten Rundwegen ein. Neuestes Highlight: die Waldpromenade. Auf einer 5½ km langen Strecke gibt es an Erlebnisstationen jede Menge rund ums Thema Natur zu erfahren. Wusstest du z. B., dass ein Fuchs bellen kann? Parken kannst du u. a. am *Wanderparkplatz Stimbergpark* oder am *Forsthaus Haidberg (Haardgrenzweg/Haltener Str.). H2–3*

INSIDER-TIPP
Bellende Füchse

DER WESTEN

AUENLAND MIT STADTANSCHLUSS

Viel Natur im Kreis Wesel: In der niederrheinischen Flusslandschaft mit ihren Baggerseen ist Wasser allgegenwärtig. Eine Landschaft mit Auen, Deichen und Überschwemmungsgebieten, den typischen, kugelförmig geschnittenen Kopfweiden und einer jahrhundertelangen bäuerlichen Bewirtschaftung weckt zunächst keine Assoziationen zum Ruhrgebiet.

Doch hat auch hier die Industrie einschneidende Spuren hinterlassen, gibt es Bergwerke, Halden und Bergarbeitersiedlungen. Zudem

Die Niederlande sind nah, du merkst es auch am Landschaftsbild: Kopfweiden am Niederrhein

sind die Sande und Kiese, die die Niederrheinlandschaft erdgeschichtlich geformt haben, begehrter Rohstoff der Bauindustrie: Baggerseen durchlöchern weite Teile des Westens, nicht immer zur Freude der Naturschützer. Erholungssuchende, Hobbyfotografen und Freizeitsportler wissen die Seenlandschaft allerdings sehr zu schätzen.

DER WESTEN

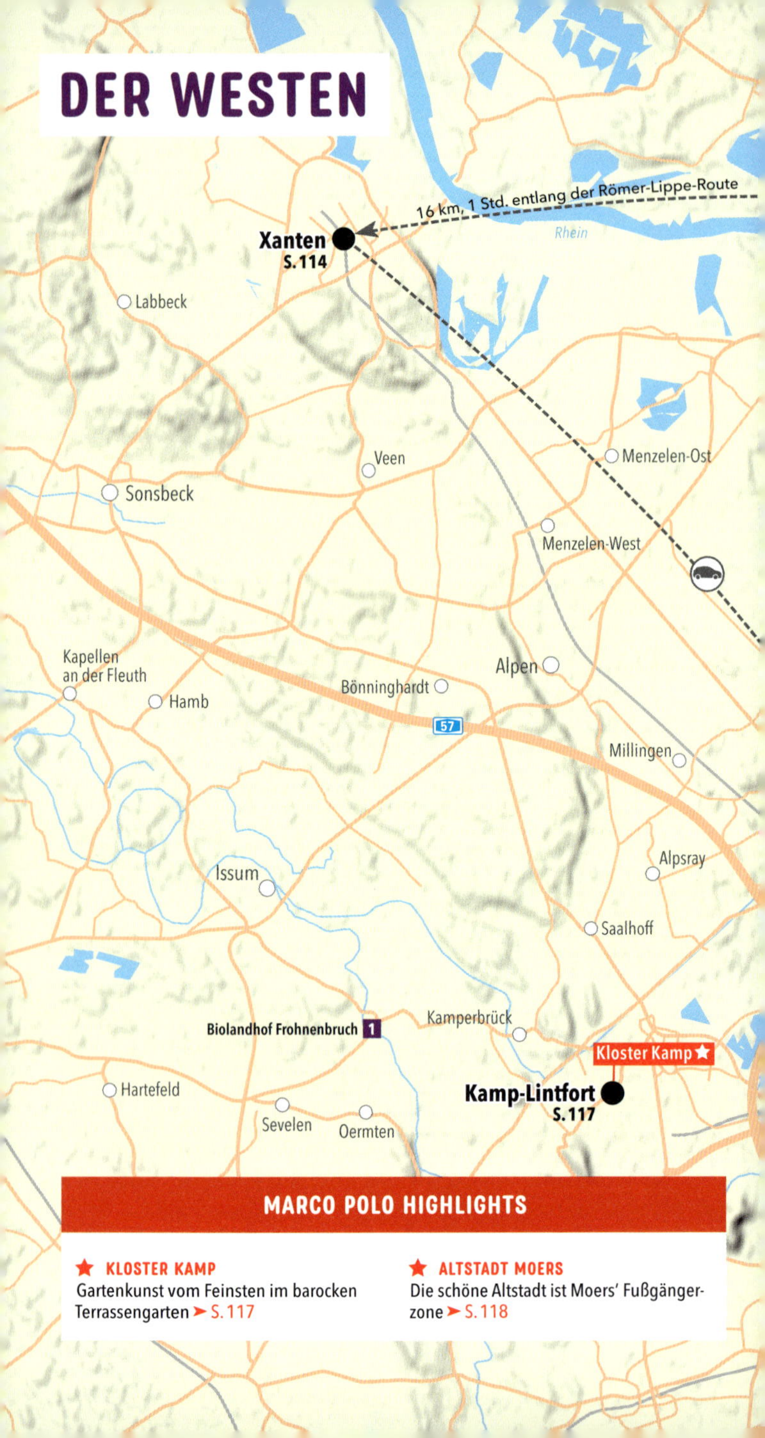

MARCO POLO HIGHLIGHTS

★ **KLOSTER KAMP**
Gartenkunst vom Feinsten im barocken Terrassengarten ➤ S. 117

★ **ALTSTADT MOERS**
Die schöne Altstadt ist Moers' Fußgängerzone ➤ S. 118

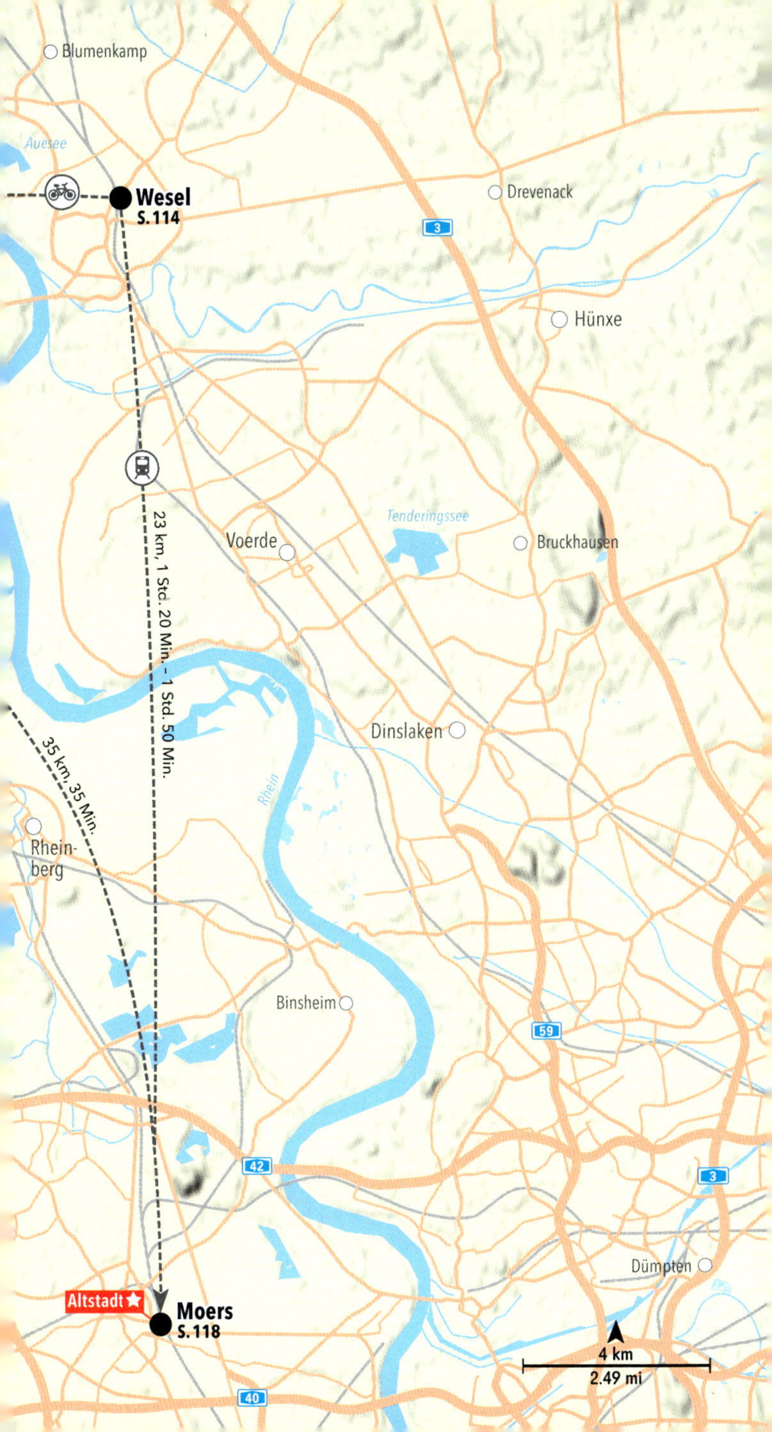

Blumenkamp
Auesee
Wesel
S. 114
Drevenack
3
Hünxe
Tenderingssee
Voerde
Bruckhausen
23 km, 1 Std. 20 Min. – 1 Std. 50 Min.
35 km, 35 Min.
Dinslaken
Rhein
Rhein-
berg
Binsheim
59
42
3
Dümpten
Altstadt
Moers
S. 118
4 km
2.49 mi
40

WESEL

(📖 C3) **Die Kreisstadt Wesel (63 000 Ew.), rechtsrheinisch zwischen Rhein und Lippemündung gelegen, gehörte um 1400 zur Hanse.**

Die Stadt am Rheinufer ist von der typischen Landschaft des Niederrheins umgeben. Im Zweiten Weltkrieg wurde die historische Altstadt nahezu ganz vernichtet, Wesel zu 98 Prozent zerstört. Erhalten blieb die große Festungsanlage, die um 1700 errichtete *Zitadelle,* in der du heute das Niederrheinmuseum Wesel besuchen kannst.

SIGHTSEEING

LVR-NIEDERRHEINMUSEUM WESEL

Im ehemaligen Körnermagazin der Weseler Zitadelle bist du genau richtig, wenn du dich für die Geschichte Wesels und des Niederrheins interessierst. Bis 2024 entsteht eine neue, die Niederlande und Europa einbeziehende Dauerausstellung zur Geschichte, Kultur und Natur des Niederrheins. Mit Museumsshop und Cafeteria. *Di–So 11–17 Uhr | An der Zitadelle 14–20 | niederrheinmuseum-wesel.lvr.de | ⏲ 2 Std.*

ESSEN & TRINKEN

RESTAURANT ART

Hier an der Weseler Aue kommen bei Gemüse und Fleisch fast ausschließlich regionale Produkte auf den Tisch. Spezialität sind die vegetarischen Gerichte. *Mo geschl. | Reeser Landstr. 188 | Tel. 0281 9 75 75 | restaurant-art.de | €€*

SPORT & SPASS

RIVER-LADY

Einem historischen Mississippi-Raddampfer nachempfunden, ist diese Lady im Herzen noch jung. Sie beschert dir eine schöne Rundfahrt auf dem Rhein. Zusteigen kannst du an der Rheinpromenade. *Rundfahrten April–Okt. und Dez. | Tel. 0281 8 24 22 | river-lady.de*

WELLNESS

WALDHOTEL TANNENHÄUSCHEN

Wie der Name schon vermuten lässt, liegt das Hotel inmitten eines schönen Parks mit altem Baumbestand. Ein wirkliches Highlight ist das große Spa mit diversen Pools und Saunen. Im zugehörigen Ruhehaus hast du einen idyllischen Blick ins Grüne. Wenn du dir etwas Außergewöhnliches gönnen möchtest, lern die Königin der Ölmassagen kennen: *Abhyanga* nennt sich eine ayurvedische Ganzkörperbehandlung mit warmem Öl und Massagegriffen nach altem Wissen. Entspannung für Körper und Seele und eine tolle Erfahrung. *Am Tannenhäuschen 7 | Tel. 0281 9 66 90 | tannenhaeuschen.de*

INSIDER-TIPP
Massageglück auf Ayurvedisch

XANTEN

(📖 B3) **Xanten (22 000 Ew.) ist die nordwestlichste Stadt im Ruhrgebiet – und mit ihrer mehr als**

2000-jährigen Geschichte auch die älteste.

Bis hierhin waren die Römer bereits 200 v. Chr. gekommen. Neben einem Militärlager entstand die Veteranensiedlung Colonia Ulpia Traiana, heute eine Fundgrube für Archäologen. Die Reste der Römerstadt kannst du im Archäologischen Park bestaunen. An die Römerzeit erinnert auch die *Römer-Lippe-Route*, ein insgesamt 400 km langer Fahrradweg, der der Marschroute der Römer entlang der Lippe von Xanten bis nach Detmold folgt.

Bummle durch das Stadtzentrum mit der alten Stadtbefestigung und ihren Wällen, Türmen, Toren und besuch auch den prächtig ausgestatteten *Dom St. Viktor*. Rings um die Stadt erstreckt sich die weit ins Land reichende Rheinaue mit ihren periodisch überfluteten Altstromrinnen.

SIGHTSEEING

LVR-ARCHÄOLOGISCHER PARK XANTEN (APX)

Seit 1974 wird hier gegraben, um die Anlage der alten Römerstadt Colonia Ulpia Traiana zu erforschen und einzelne bauliche Teile zu rekonstruieren. Amphitheater und Herberge sind als lebensgroße Modelle über den ausgegrabenen Resten nachgebaut. Im 60 ha großen Park und im *Römermuseum* erfährst du, wie es auf den Straßen und in den Häusern der antiken Stadt aussah. Im zugehörigen *Restaurant* kannst du speisen wie im alten Rom. Von Mai bis September ist im Archäologischen Park jedes Wochenende ein römisches: In den Werkstätten führen Schuhmacher und Knochenschnitzer altes Handwerk vor – Mit- und Nachmachen erwünscht!

Stippvisite im Xanten der römischen Ära: Geh auf Zeitreise im Archäologischen Park!

Da geht Ordnungsliebhabern das Herz auf: die barocke Gartenanlage von Kloster Kamp

Selbst gefertigte Souvenirs wie Haarnadeln aus Bein oder Ledersohlen nach Maß sind sehr beliebt. *März–Okt. tgl. 9–18, Nov. 9–17, Dez.–Feb. 10–16 Uhr | Trajanstr. 10 oder Am Amphitheater | apx.lvr.de | ⏲ 3 Std.*

BISLICHER INSEL

Mitten im Altrhein, dem früheren Flussbett des Rheins, liegt die Bislicher Insel. Zahlreiche Vogelarten finden hier einen einzigartigen Lebensraum. Das Feuchtbiotop ist alljährlich Überwinterungsstätte für zahlreiche Bless- und Saatgänse. Mitten in dieser wunderbaren Auenlandschaft darfst du während einer geführten Exkursion ganz besondere Inselbewohner beobachten:

INSIDER-TIPP
Vampire im Trafoturm

In einem ehemaligen RWE-Trafoturm haben es sich Zwerg-, Wasser- und Rauhautfledermäuse gemütlich gemacht. Das Naturschutzgebiet kannst du nur zu Fuß oder per Rad erkunden, Exkursionen sind auf Anfrage möglich. *Besucherzentrum Di–So 10–17, April–Okt. bis 18 Uhr | Bislicher Insel 11 | Tel. 02801 98 82 30 | naturforum-bislicher-insel.de*

ESSEN & TRINKEN

RESTAURANT NEUMAIER

Xantens wohl lauschigster Biergarten unter einer alten Kastanie. In dem familiengeführten Betrieb kommen regionale Gerichte auf den Tisch. In der Nähe führen verschiedene Radwege vorbei. Mit Proviant für eine Tour kannst du dich in der hauseigenen Metzgerei eindecken. Oder du bleibst über Nacht in einem der 16 Gästezimmer. *Mo und außer So mittags, im Winter auch Di geschl. | Orkstr. 19–21 | Tel. 02801 7 15 70 | hotel-neumaier.de | €€*

SPORT & SPASS

FREIZEITZENTRUM XANTEN

Strandkörbe und ein Sandstrand – Sommerfeeling pur an der *Xantener Südsee.* An der *Xantener Nordsee* kannst du surfen, segeln, Tretboot fahren oder tauchen lernen. *Am Meerend 2 | Tel. 02801 71 56 56 | f-z-x.de*

KAMP-LINTFORT

(□ B–C5) **In dieser Stadt trifft Historie auf Moderne – nicht nur im überregional bekannten Kloster Kamp.** Kulturfans dürfen sich auf die größte Bergarbeitersiedlung des Ruhrgebiets freuen, die modellhaft sanierte Friedrich-Heinrich-Siedlung. Dank vieler Wander- und Fahrradrouten ist die 38 000-Ew.-Stadt auch für Frischluftfans ein Paradies.

SIGHTSEEING

KLOSTER KAMP ★

Den Titel „Geistliches und Kulturelles Zentrum" trägt das Kloster mit seiner Abteikirche, dem *Museum (Di–Sa 14–17, So 11–17 Uhr)* und den vielfältigen Veranstaltungen völlig zu Recht. Das Highlight sind aber definitiv die Gärten! Der *Terrassengarten* mit seinen Treppen, Beeten, Figuren und Wasserspielen raubt einem vor lauter Schönheit schon mal kurz den Atem. Im *Alten Garten* kommen Bienen wegen der Vielzahl an Zwiebelpflanzen, Stauden und Klettergehölzen kaum mit dem Nektarsammeln nach. Der *Kräutergarten* lässt auch die menschlichen Besucher der Natur ganz nahe kommen. An Blüten zu schnuppern und das ein oder andere Kraut zu naschen ist ausdrücklich erlaubt!
Zum Abschluss treffen sich alle im *Klostergarten,* genießen einen Biokaffee und freuen sich über ein Stück heile Welt. Ja, auch das ist Ruhrgebiet! *Abteiplatz 13 | kloster-kamp.de | ⏲ 2 Std.*

ALT-SIEDLUNG FRIEDRICH HEINRICH

In der 1909 erbauten Siedlung mit kleinen Häuschen unter tiefen Giebeldächern fühlst du dich wie in einer englischen Gartenstadt. Nur knapp dem Abriss entronnen, ist sie heute saniert und als Wohnort sehr beliebt. *Anfahrt über Marktplatz/Ebertstr.*

ESSEN & TRINKEN

HAUS BIEGER

Niederrheinische oder mediterrane warme Speisen – oder ein leckeres Stück Kuchen? Die Preise sind moderat, die Portionen ordentlich. Tolle Lage direkt neben dem Kloster Kamp. *Mo/Di geschl. | Abteiplatz 11 | Tel. 02842 9219900 | haus-bieger.de | €-€€*

RUND UM KAMP-LINTFORT

1 BIOLANDHOF FROHNENBRUCH

7 km westlich von Kamp-Lintfort/ 10 Min. über Hoerstgen

Die über 700 Jahre alte ehemalige Ritterburg wird heute als Biolandhof landwirtschaftlich genutzt. Als Demobetrieb bietet das Hofteam Führungen zum Ökolandbau an. Rindfleisch, Geflügel und Eier gibt es aus eigener Produktion im Hofladen. *Di/Mi 15–18, Do/Fr 10–18, Sa 10–14 Uhr | Schlossallee 81 | frohnenbruch.de | ◫ B5*

MOERS

(◫ C5–6) **Das ursprüngliche Moers (104 000 Ew.) gründet sich auf eine von den Römern angelegte Grenzbefestigung.**

Ein Bummel durch die historischen Gassen der Altstadt darf bei einem Moers-Besuch auf keinen Fall fehlen. Sie schließt direkt an das Schloss mit seinem Park an – Wahrzeichen und grüne Lunge zugleich.

Das *Comedy Arts Festival (comedyarts.de)* ist das bundesweit älteste seiner Art und zieht im Sommer alljährlich Fans und Künstler aus nah und fern an. Und am Pfingstwochenende treffen sich mehrere Tausend New-Jazz-Fans beim internationalen *Moers-Festival (moers-festival.de).*

SIGHTSEEING

ALTSTADT ★

Die wunderschöne Altstadt ist fast komplett Fußgängerzone. Am Kastellplatz kannst du das 1898 im Neorenaissancestil erbaute ehemalige *Kreisständehaus* und die alten *Brandgassen* bewundern, die einst an den Stadtwall grenzten. Auf dem *Neumarkt* mit dem Denkmal von König Friedrich I. bieten heute dienstags und freitags Markthändler ihre Waren an. Gegenüber der evangelischen *Stadtkirche* aus dem 15./16. Jh. steht das älteste erhaltene Bürgerhaus der Stadt mit einer klassizistischen Fassade. Zentrum der Altstadt ist der *Altmarkt* mit dem Preußen-Denkmal. Viele Hausfassaden hier stammen aus dem 17./18. Jh. *Infos zu Führungen: Tel. 02841 88 22 60 | moers.de*

SCHLOSS & SCHLOSSPARK

Die Rundburg wurde vom 13. bis 15. Jh. auf einer schwer zugänglichen Insel zwischen moorigen Rheinarmen erbaut. Heute ist im Schloss das *Grafschafter Museum (Di–Fr 10–18, Sa/So 11–18 Uhr | moers.de | ⏲ 2 Std.)* untergebracht, in dem du die Geschichte des Schlosses und die Kultur- und Alltagsgeschichte der Region kennenlernst und eine historische Puppenstubensammlung bestaunen kannst. In den alten Gemäuern findest du außerdem das *Schlosstheater Moers (Kastell 6 | Tel. 02841 8 83 41 10 | schlosstheater-moers.de).* Mit seiner kammerspielartigen Bühne ist es das kleinste Stadttheater Deutschlands und bekannt dafür, aufsehenerregende Inszenierungen auch mal im Parkhaus oder in Einkaufspassagen stattfinden zu lassen. Sehenswert ist auch der Schlosspark mit seinen Wasserpartien und dem alten, exotischen Baumbestand.

INSIDER-TIPP
Kabale und Liebe im Einkaufszentrum

Jazzfan? Dann solltest du das Moers-Festival nicht verpassen

HALDE RHEINPREUSSEN MIT GELEUCHT

Ganz oben steht der Star! Wenn du die Halde erklimmst, siehst du schon bald etwas Rotes am Horizont blitzen, das wie eine Grubenlampe aussieht. Es ist das Geleucht und erwartet dich als beeindruckende Landmarke. Erklimm den kolossalen Lichtturm und genieß von oben die beeindruckende Ruhrgebietskulisse. Wer bis zum Einbruch der Dunkelheit bleibt, bekommt mit dem beleuchteten Turm ein besonders schönes Fotomotiv geboten. *Aussichtsplattform April–Okt. Mi, Do, Sa, So 14–18, Nov.–März Sa/So 13–16 Uhr | Gutenbergstr. | das-geleucht.de*

ESSEN & TRINKEN

KURLBAUM

In der Altstadt weist ein Schweinchen über der Tür zum Eingang in die „beste Küche von Moers". Gutes Preis-Leistungs-Verhältnis bei sterneverdächtigen Speisen. *Mo/Di geschl. | Burgstr. 7 | Tel. 02841 2 72 00 | restaurant-kurlbaum.de* | €€

AUSGEHEN & FEIERN

DIE RÖHRE

Kultur und Kneipe seit 1968 – die Röhre ist eine feste Größe im Moerser Nachtleben. Legendär: die Quizabende! *Weygoldstr. 10 | Tel. 02841 9 31 58 31 | dieroehre.de*

ERLEBNIS TOUREN

Lust, die Besonderheiten der Region zu entdecken? Dann sind die Erlebnistouren genau das Richtige für dich! Ganz einfach wird es mit der MARCO POLO Touren-App: Die Tour über den QR-Code aufs Smartphone laden – und auch offline die perfekte Orientierung haben.

1 DAS RUHRGEBIET PERFEKT IM ÜBERBLICK

- Erst Aufstieg, dann grandioser Pott-Panoramablick
- Nächster Stopp: Weltkulturerbe
- Ein Labyrinth zwischen Hochöfen und Bunkern erkunden

LWL-Industriemuseum Zeche Nachtigall

Hattingen

200 km

3 Tage, reine Fahrzeit 9 Stunden

TAG 1

1 LWL-Industriemuseum Zeche Nachtigall

2 km

AB IN DEN STOLLEN, RAUF AUF DEN GIPFEL

Ein Besuch im 1 LWL-Industriemuseum Zeche Nachtigall ➤ S. 83 zum Auftakt deiner Ruhr-Rundreise ist Pflicht. Der anschließende Spaziergang (ausgeschil-

Eine weithin sichtbare Landmarke ist das Observatorium auf der Halde Hoheward

dert) durch das ❷ **Muttental** ➤ S. 83 führt dich an Stellen, wo schon vor mehr als 300 Jahren die ersten Kohlebrocken ans Tageslicht befördert wurden. *Dann geht es über die Ruhrbrücke der B 226 und ab Bochum-Langendreer auf der B 235 bis in den Dortmunder Stadtteil Bövinghausen. Am Days Inn Dortmund West biegst du rechts in die Bövinghauser Straße ein und folgst den braunen Schildern* bis zur ❸ **Zeche Zollern** ➤ S. 47. Das „Schloss der Arbeit" beeindruckt u. a. mit seiner Maschinenhalle und dem Jugendstilportal.

Wieder zurück auf der B 235, geht es nach Norden durch Castrop-Rauxel; im Stadtteil Henrichenburg vor der Kanalbrücke biegst du rechts ab zum ❹ **Schiffshebewerk Henrichenburg** ➤ S. 99. Unternimm eine Zeitreise durch die Technikgeschichte, vom alten Hebewerk bis zur hochmodernen Schleuse – nicht nur Technikfreaks geraten hier ins Staunen.

Danach führt dich der „Weg zu den Sternen" *über die A 2 Richtung Oberhausen bis zur Abfahrt Herten. Folg dort der Gelsenkirchener Straße und bieg rechts ab auf die Ewaldstraße* bis zum Gelände der ehemaligen Zeche Ewald. Die zwei großen Bogen des **Horizontobser-**

❷ Muttental

20 km

❸ Zeche Zollern

13 km

❹ Schiffshebewerk Henrichenburg

20 km

⑤ Halde Hoheward

vatoriums und die Sonnenuhr auf dem Plateau der ⑤ Halde Hoheward ➤ S. 105 sind schon von Weitem sichtbar. Der Gipfelsturm erfolgt über eine Treppe mit 529 Stufen. Ganz schön anstrengend – doch der anschließende Ausblick entschädigt!

25 km

Zeit, ein Quartier für die Nacht aufzusuchen. *Über die Ewaldstraße nach Süden auf die A42 Richtung Duisburg bis zur Abfahrt Bottrop-Süd, dort links auf die Essener Straße, weiter auf der Borbecker Straße, links in die Oskarstraße, rechts in die Hasslacherstraße, links in die Hafenstraße und schließlich links der Bergbaustraße bis zum Bernepark folgen.* Dein „Hotelzimmer“ ist 3 m lang, gut 11 t schwer, hat einen Durchmesser von 2,5 m – und ist ein Abwasserrohr aus Beton. Keine Angst, es wurde nie für diesen Zweck genutzt. Im ⑥ Bernepark gibt es fünf dieser ungewöhnlichen Hotelbetten *(Übernachtung nur Mai–Okt. | dasparkhotel.net)*. Im ein paar Schritte entfernten Biergarten *(Mai–Sept. Mo–Do 13–18, Fr/Sa 13–21, So 13–20 Uhr | bernepark.de)* kannst du noch ein kühles Blondes genießen – und dann ab in die Röhre.

INSIDER-TIPP
Schlafend in die Röhre schauen

⑥ Bernepark

KLETTERN, WO EINST SCHLOTE RAUCHTEN

Brötchen und Kaffee gibts am nächsten Morgen ganz reviertypisch am Kiosk Ecke Bahnhofstraße/Giesenfort. Danach geht es ins Herz des Ruhrgebiets. *Du fährst zurück auf die A 42 in Richtung Dortmund, nimmst die Abfahrt Gelsenkirchen-Heßler und folgst den Schildern zur* ❼ Zeche Zollverein ➤S. 53. Nimm dir ausreichend Zeit für das Weltkulturerbe und geh auf jeden Fall ins Ruhr Museum ➤S. 54 – schon die Fahrt mit der orangen Rolltreppe ist ein Erlebnis. Nach einem Imbiss im Café der nahen ❽ Kokerei Zollverein ➤S. 53 wird es sportlich. *Zurück auf der A 42 Richtung Duisburg, Abfahrt Duisburg-Neumühl,* erreichst du nach einer knappen halben Stunde den ❾ Landschaftspark Duisburg-Nord ➤S. 62. Schon mal in einem alten Koksbunker geklettert? Wohl kaum. Hier aber geht das *(Anmeldung erforderlich: landschaftspark.de/freizeit-sport/klettergarten)!* Nach so viel Aktivität ist eine Stärkung im Bistro und Restaurant Hauptschalthaus *(Mo/Di geschl. | Emscherstr. 71 | Tel. 0203 41 79 91 80 | hauptschalthaus.com | €–€€)* auf dem Parkgelände angesagt. Vorher solltest du aber in der Jugendherberge Nord *(duisburg-landschaftspark.jugendherberge.de)* im ehemaligen Verwaltungsgebäude der Thyssen-Hüttenwerke einchecken. Bei einem abendlichen Rundgang über das ehemalige Hüttenwerksgelände kannst du die Lichtinstallationen des Künstlers Jonathan Park genießen.

TAG 2

15 km

❼ Zeche Zollverein

1 km

❽ Kokerei Zollverein

26 km

❾ Landschaftspark Duisburg-Nord

AUS DER WASSERPERSPEKTIVE

Morgens gehts auf zu neuen Ufern – zu denen der Ruhr: *Du fährst ein kurzes Stück zurück auf der A 42 bis zum Kreuz Oberhausen-West, dort auf die A 3 Richtung Köln bis zum Kreuz Kaiserberg, dort auf die A 40 Richtung Essen/Dortmund bis zur Abfahrt Mülheim a. d. Ruhr, dann folgst du den Schildern Mülheim-Zentrum.* Stell dein Auto auf dem Parkplatz in der Nähe des Wasserbahnhofs ab, wo die Schiffe der ❿ Weißen Flotte ➤S. 59 schon warten. Eine Tour auf der Ruhr – *bis Essen-Kettwig und zurück ca. 1½ Std.* – zeigt dir die Region von ihrer besonders grünen Seite. Nach der Schiffsfahrt verlässt du Mülheim *in Richtung Essen-Kettwig, indem du über Kaiserstraße, Werdener Weg und*

TAG 3

19 km

❿ Weiße Flotte

34 km

Zeppelinstraße fährst. In Kettwig fährst du auf die A 52 Richtung Essen bis zur Ausfahrt Haarzopf, dort rechts auf die B 224, verlässt an der Ruhr die vierspurige Straße und biegst auf die Freiherr-vom-Stein-Straße ein. An der Regattastrecke am Baldeneysee ➤ S. 56 kannst du parken.

⑪ Villa Hügel

32 km

⑫ Hattingen

Oberhalb des Sees thront die ⑪ **Villa Hügel ➤ S. 53**. Der Besuch in dem einstigen Stammsitz der Krupp-Dynastie und der Schaltzentrale der industriellen Macht sowie in den großzügigen **Parkanlagen** lohnt sich. Danach geht es weiter nach ⑫ **Hattingen ➤ S. 85**, zunächst zur **Henrichshütte ➤ S. 86** – *braune Schilder „Route Industriekultur" weisen dir den Weg.* Ein Rundgang durch das 1987 stillgelegte Stahlwerk ist in den Abendstunden besonders beeindruckend. Zum Tagesabschluss gönn dir ein Abendessen bei **Henrichs** auf dem Hüttengelände.

② HALTERN AM SEE: EINE WANDERTOUR

- ➤ Idyllische Sandwege zwischen Heideblüten
- ➤ Kopf in den Wolken – Kletterabenteuer in Baumkronen
- ➤ Dem Weg des Wassers folgen

Start: Seebad Hullerner Straße	Ziel: Seebad Hullerner Straße
17 km	1 Tag, reine Gehzeit 4 Stunden
sehr leicht	

① Seebad Hullerner Straße

2 km

② Westruper Heide

Stell dein Auto auf dem Parkplatz des ① **Seebads Hullerner Straße** ab. *Geh ca. 800 m stadtauswärts parallel zur Straße bis zum Hotel Seehof. Hier überquerst du die Straße; direkt neben dem Seehof und einer Firmenzufahrt, etwas versteckt,* findest du den Startpunkt des Wegenetzes durch die ② **Westruper Heide**. Das erste Wegstück verfügt über Infotafeln. *Folg erst diesem Weg und wandere dann weiter auf dem Fußweg am westlichen Rand der Heide zu deiner Linken.* Abstecher auf den zahlreichen kleinen Sandwegen, die in die Heide

hineinführen, sind sehr zu empfehlen. Bleib aber auf den Wegen: Die Westruper Heide ist Rückzugsraum vieler bedrohter Tierarten und wurde schon 1937 zum Naturschutzgebiet.

DÜNENFLAIR IM POTT

Folg dem Weg mit den gelben Markierungen, der „Dünenroute", bis zum Flaesheimer Damm (L652), den du überquerst. Auf dem Wanderparkplatz dort wende dich nach links – die Markierung ist hier etwas schwer zu erkennen – und folg weiter der Dünenroute. Diese verlässt du nach ca. 400 m wieder; halte dich rechts. Der Weg endet auf einem breiten Rad- und Fußweg. Den gehst du nach links, überquerst erneut die L652 und kommst auf der anderen Seite wieder in die Heide. Nach ca. 1 km rechts über den Wall (Hinweis auf dem Parkplatz am Baum). Auf der anderen Straßenseite wartet der nicht ganz alltägliche Biergarten ③ **Jupp, der Erlebnisbiergarten** *(bei schönem Wetter geöffnet, siehe auch Webcam auf der Website | Hullerner Str. 107 | Tel. 02364 52 16 | juppamsee.de | €)* mit angegliedertem **Kletterwald** *(kletterwald-haltern.de)*. Da die Wandertour nur knapp 17 km lang ist, hast du ausreichend Zeit für diesen sportlichen Stopp.

4 km

③ Jupp, der Erlebnisbiergarten

3 km

Wacholder und Erika: Das ist aber nicht die Lüneburger, sondern die Westruper Heide

PÄUSCHEN MIT PADDEL

Nach so viel Bewegung und einer Stärkung gehts jetzt gemächlich *immer am Seeufer entlang nach Norden auf dem Wanderweg A4. Nach einer guten halben Stunde erreichst du wieder die L652. Gegenüber liegt der Parkplatz des Lakeside Inn, an dessen Ende du auf einen kleinen Weg kommst, der dich am Flüsschen Stever entlang zum* ❹ **Heimingshof** *(Mo geschl. | An der Stever 7 | Tel. 02364 3509 | heimingshof.de | €–€€) führt.* Zeit für einen Kaffee und eine kurze Paddeltour auf der Stever mit einem Kanu oder Kajak vom ❺ **Bootsverleih Niehues** *(Aalweg 11 | Tel. 02364 2431 | bootsverleih-niehues.de). An der Wehranlage des Hullerner Stausees überquerst du danach die Stever und gelangst auf ihrer anderen Seite wieder zurück zum Halterner Stausee. Am Restaurant Alter Garten erreichst du den Stockwieser Damm, dem du nach rechts folgst; nach ca. 100 m geht es dann nach links in den Carl-Homann-Weg.* Am See entlang wanderst du bis in die ❻ **Stadtmühlenbucht**. Im vorderen Teil der Bucht kannst du dich auf dem **Wasserspielplatz** austoben.

❹ Heimingshof
400 m
❺ Bootsverleih Niehues
5 km
❻ Stadtmühlenbucht
200 m
❼ Schiffsanleger
4 km

MIT DEM SCHIFF ZURÜCK ZUM START

In der Mitte der Stadtmühlenbucht liegt der ❼ **Schiffsanleger**. Von Mitte April bis Mitte Oktober bringt dich ein Fahrgastschiff *(letzte Abfahrt Mo–Fr 16.25, Sa/So 17.25 Uhr)* bequem zurück auf die andere Seeseite.

Dort steigst du am Anleger Seehof aus, hältst dich rechts, und nach gut zehn Minuten bist du wieder am ❶ Seebad Hullerner Straße. Alternativ kannst du auch die letzten gut 3 km zu Fuß zurücklegen, immer am Seeufer entlang nach Süden.

❶ Seebad Hullerner Straße

❸ MIT DEM RAD DURCHS ÖSTLICHE RUHRGEBIET

- Hinauf im gläsernen Rüssel: ein Elefant mit Aussicht
- Promenadenflair erleben und Hafenluft schnuppern
- Ein ehemaliges Adelsgut mit Garten zum Verlieben

Start: Maximilianpark
Ziel: Schwerte
Strecke: ca. 65 km
Dauer: 1 Tag, reine Fahrzeit 4 Stunden

Info: Die Route orientiert sich am Knotenpunktsystem des Radreviers Ruhr; die Knotenpunkte sind ausgeschildert. *radrevier.ruhr*
Mieträder: *metropolradruhr.de*
Im Regional-Express und in den Regionalzügen können Räder mitgenommen werden, sofern der Platz es zulässt. Es muss aber ein separates Fahrradticket gekauft werden.

Starte deine Tour in Hamm am größten Glaselefanten der Welt im ❶ Maximilianpark ➤ S. 92 *(Knotenpunkt 12). Folg dem Knotenpunkt 13; an der Geite und der Ahse entlang erreichst du den Datteln-Hamm-Kanal, den du überquerst. Größtenteils zwischen Kanal und Lippe folgst du den Knotenpunkten 8 und 6, hältst dich beim Knotenpunkt 4 links, überquerst erneut den Datteln-Hamm-Kanal und fährst weiter am Kanal entlang.* Es geht vorbei an der sehenswerten ❷ Zechensiedlung Rünthe – im Volksmund wegen der einheitlichen Fassadengliederung der Häuser an der Schachtstraße auch D-Zug-Siedlung genannt – bis zur ❸ Marina Rünthe ➤ S. 97. In einem der Lokale dort kannst du etwas trinken und dabei das Treiben im größten Sportboothafen von Nordrhein-Westfalen beobachten.

❶ Maximilianpark
19 km
❷ Zechensiedlung Rünthe
2 km
❸ Marina Rünthe
20 km

Weiter geht es Richtung Süden, vorbei an der Stadt Kamen *(Knotenpunkt 1),* durch die Zechensiedlung Königsborn nach Unna ➤ S. 93 *(Knotenpunkte 31, 32, 33, 34).* Verpass auf keinen Fall eine Führung durch das ❹ **Zentrum für Internationale Lichtkunst ➤ S. 94** auf dem Gelände der ehemaligen Lindenbrauerei *(über den Knotenpunkt 57).* Eine Mittagspause gönnst du dir im nur 300 m entfernten **Biergarten des Restaurants Meisterhaus** *(Mo/Di geschl. | Hertingerstr. 32 | Tel. 02303 1 46 85 | meisterhaus.de | €€).*

KUNST IM BAUDENKMAL

Gut ausgeruht fährst du *über die Massener Straße wieder zurück zum Knotenpunkt 34, wo du rechts abbiegst zum Knotenpunkt 36. Im Örtchen Opherdicke biegst du links ab Richtung Knotenpunkt 37, dann wieder links in die Dorfstraße, bis du schließlich das* ❺ Haus Opherdicke *(Di–So 10.30–17.30 Uhr | Dorfstr. 29) erreichst*. Das Wasserschloss aus dem 12. Jh. ist ein Beispiel für das harmonische Nebeneinander von Denkmalschutz und zeitgemäßer Nutzung mit Kunstausstellungen und Konzerten. Mach auch einen Rundgang durch den Schlosshof.

❺ Haus Opherdicke

SCHLEMMEN IN HISTORISCHER KULISSE

14 km

Durch Felder, Wiesen, Wälder und mit einer ordentlichen Abfahrt geht es *weiter über die Knotenpunkte 37 und 22* bis zur Ruhr. Hier triffst du auf den Ruhrtal-Radweg. *In westlicher Richtung, immer am Fluss entlang*, erreichst du *über die Knotenpunkte 25 und 38* ❻ Schwerte ➤ S. 94. Nach einem Spaziergang durch die attraktive Altstadt hast du dir ein gutes Essen im Restaurant Glaskasten ➤ S. 95 in der Rohrmeisterei direkt an den Ruhrauen verdient. Vom Schwerter Hauptbahnhof aus *(Knotenpunkt 39)* bringt dich der RE der Deutschen Bahn samt Fahrrad in rund 25 Minuten wieder zurück nach Hamm.

❻ Schwerte

❹ MIT RAD UND SCHIFF VOM NORDSTERNPARK ZUM GASOMETER

- ➤ Die Nostalgie alter Zechenhäuser spüren
- ➤ 400 Stufen bis zum Haldenereignis Emscherblick
- ➤ Inszenierungen in Europas höchster Ausstellungshalle

Start: Nordsternpark
Ziel: Nordsternpark
Strecke: 35 km, davon 12 km per Schiff
Dauer: 1 Tag, reine Fahrzeit 3½ Std.

Die Route orientiert sich ab ❸ **Welheim** am Knotenpunktsystem des Radreviers Ruhr; die Knotenpunkte sind ausgeschildert. *radrevier.ruhr*

Du startest in Gelsenkirchen am ❶ Nordsternpark ➤ S. 70. Auf dem Gelände der ehemaligen Zeche steht heute Erholung im Fokus. Direkt neben dem

❶ Nordsternpark

3 km

Cloud 7 in Heiner's Biergarten ➤S. 71 hält die Station von **Metropolrad Ruhr** *(metropolradruhr.de)* dein Fortbewegungsmittel für heute bereit. Erst einmal radelst du *durch den Park bis zur Emscher und hältst dich dort links. Am Fluss entlang geht es bis zur Straße An der Rennbahn und links hoch bis zum* ❷ **Schloss Horst**, wo du dir den **Schlosspark** anschauen solltest. *Weiter geht es dann auf der Schmalhorststraße Richtung Essen; nach gut 250 m biegst du rechts in die Devensstraße ein, die dann in die Bottroper Straße und die Brauckstraße übergeht.* Typisch Ruhrgebiet: Auf dem kurzen Stück passierst du Gladbeck und erreichst Bottrop. *Bieg links in die kleine Straße Im Dorbusch ein und nach 300 m links in den Radweg, der die B 224 überquert* – links liegt nun die alte Bergarbeitersiedlung ❸ **Welheim ➤S.67**. Nimm dir die Zeit und radle durch die Straßen dieser Gartensiedlung.

❷ Schloss Horst

4 km

❸ Welheim

VON DER PYRAMIDE ZUR MÄRCHENBURG

Am Ende der Welheimer Straße fährst du dann im Kreisverkehr rechts in die Johannesstraße. Biegst du anschließend links ab, befindest du dich auf der Route Industriekultur. *Folg nun dem Knotenpunkt 5.* Auf der linken Seite rufen die Berge: „Ski und Rodel gut" im ❹ **Alpincenter** in Bottrop heißt es ein andermal, heute genügen ein Weizenbier und deftige Schmankerln im

2 km

❹ Alpincenter

2 km

bayrischen **Biergarten**. *Am Knotenpunkt 5* gelangst du zum Wahrzeichen von Bottrop, dem **5 Tetraeder** ➤ S. 67. Das Fahrrad lässt du besser am Fuß der Halde stehen, das Metropolrad ist kein Mountainbike. Die Aussicht entschädigt für den Aufstieg. *Wieder zurück, folgst du nun dem Knotenpunkt 6 und dem Knotenpunkt 7.* Auf dem Weg liegt die **6 Burg Vondern** aus dem 13. Jh., einer der ältesten spätgotischen Profanbauten nördlich des Mains.

KUNST UND GRANDIOSER RUNDUMBLICK

Folg dem Knotenpunkt 9 entlang des Kanals. Langsam zeichnet sich das Ziel deiner Tour am Horizont ab: Die „größte Konservendose der Welt", der **7 Gasometer** ➤ S. 64 in Oberhausen, ist nicht zu übersehen. Die Ausstellungen im Inneren sind meistens genau so außergewöhnlich wie der Blick übers Ruhrgebiet von der Aussichtsplattform in 117 m Höhe. Beim **8 CentrO** *(centro.de)* nur ein paar Fahrradminuten vom Gasometer entfernt kannst du dein Mietrad wieder abgeben und dir ein Abendessen in der Restaurantmeile des Centers gönnen. Am CentrO ist auch der **9 Anleger des Kanalschiffs** *(kanalschiff.de)*, das dich mittwochs und samstags von Ende Mai bis September wieder zurück zum **1 Nordsternpark** bringt. Ansonsten fahren von hier aus regelmäßig Busse nach Gelsenkirchen.

5 Tetraeder
6 km
6 Burg Vondern
3 km
7 Gasometer
1 km
8 CentrO
2 km
9 Anleger des Kanalschiffs
13 km
1 Nordsternpark

GUT ZU WISSEN

DIE BASICS FÜR DEINEN URLAUB

ANKOMMEN

ANREISE
Natürlich sind alle großen Ruhrgebietsstädte an die Hauptachsen des Schienenverkehrs angeschlossen. Auch mit dem Fernbus erreichst du viele Orte im Pott. Wer möglichst viel in kurzer Zeit sehen und auch abends zeitunabhängig mobil bleiben möchte, wird – trotz regelmäßiger Staus im Berufsverkehr – vorzugsweise mit dem Auto anreisen. Und wer es richtig weit hat: Vom Düsseldorfer Flughafen bist du in nur zehn Minuten mit der Bahn in Duisburg.

REISEZEIT
Das Ruhrgebiet ist ein perfektes Ganzjahres-Reiseziel. Zahlreiche kulturelle Veranstaltungen sorgen praktisch rund ums Jahr für Abwechslung. Von April bis Anfang Oktober ist am meisten los und dann ist natürlich auch das Wetter meistens besser.

WEITERKOMMEN

AUTO
Ein Streifzug durch die Region ist am besten mit dem eigenen Wagen zu bewältigen; zusätzlich zum Navi ist ein detaillierter Ruhrgebietsplan zur Übersicht empfehlenswert. Drei Ost-West-Autobahnen durchziehen das Ruhrgebiet, die A2 ganz im Norden, in der Mitte die A42 (Emscherschnellweg) und im Süden die A40 (Ruhrschnellweg). Nord-Süd-Verbindungen gibt es auch, von Westen nach Osten: A59, A3, B224, A43, A45, B236, A1. Dieses „Karomuster" solltest du dir am besten einprägen. Und fahr, wenn

Dampfzüge gibts nur noch im Museum – aber sonst ist die Bahn perfekt zum Vorwärtskommen

irgend möglich, nie zur Rushhour auf die A40! Infos unter *verkehr.nrw.*

CARSHARING

Das Carsharing-Angebot im Ruhrgebiet ist durchaus noch ausbaufähig. Eine gute Auswahl an Mietautos findest du aber bei *Stadtmobil Rhein-Ruhr (rhein-ruhr.stadtmobil.de).* Auch *Flinkster (flinkster.de),* die Leihfahrzeug-Flotte der Deutschen Bahn, bietet einige Fahrzeuge im Ruhrgebiet an.

E-SCOOTER

In den Innenstädten stehen sie inzwischen gefühlt an jeder Ecke. Die Roller bringen dich unkompliziert von A nach B – einfach die jeweiligen Apps runterladen und los gehts *(li.me/de-de, tier.app/de, bolt.eu).*

FAHRRAD

Die Räder von *Metropolradruhr* stehen im gesamten Ruhrgebiet, u. a. an allen Ankerpunkten auf der Route Industriekultur. Eine Übersicht findest du unter *metropolradruhr.de*. Die Ausleihe ist per *Tel. 030 69 20 50 46,* auf der Website, am Terminal oder mittels der App Nextbike ganzjährig rund um die Uhr möglich.

Revier-Rad verleiht neben guten Tourenrädern auch E-Bikes, Kinderräder, Anhänger und weiteres Zubehör für die individuelle „Tour de Ruhr" per Rad. Stationen befinden sich in Bochum, Bottrop, Dortmund, Duisburg, Essen, Gelsenkirchen, Mülheim, Oberhausen, Recklinghausen, Hattingen und Witten. Für eine Übersicht der Standorte und bei Reservierungen hilft die Website *revierrad.de.*

ÖFFENTLICHE VERKEHRSMITTEL

Der Verkehrsverbund Rhein-Ruhr (VRR) betreibt im Ruhrgebiet die öffentlichen Verkehrsmittel. Zwischen den Revierstädten verkehren Regionalex-

presszüge und S-Bahnen. Die Frequenz ist hoch, sodass du tagsüber meist innerhalb von zehn bis 20 Minuten den nächsten Anschluss bekommst.
Es stehen Einzel- und Tagestickets zur Auswahl, hilfreich für einen längeren Aufenthalt sind Angebote wie das 10er-Ticket oder das 48-Stunden-Ticket. Fährt man eine Woche lang nur eine bestimmte Verbindung, lohnt sich das Schöne-Woche-Ticket. Praktisch ist auch das Kombiticket, das die Eintrittskarte zu einer Veranstaltung mit einem Ticket für öffentliche Verkehrsmittel im VRR verbindet. Auskunft und Fahrpläne: *Tel. (*) 01806 50 40 30 | vrr.de*
Wenn dir mal nach Kultur-Sightseeing auf Schienen ist: Rund 60 Sehenswürdigkeiten auf nur 17 km Straßenbahnstrecke kannst du mit der Essener *Kulturlinie 107* erfahren. Auskunft und Fahrpläne: *Tel. 0201 82 60 | kulturlinie107.de*

IM URLAUB

AUSFLÜGE

Jedes Jahr gibt der *Regionalverband Ruhr (Tel. 0201 2 06 90 | rvr.ruhr)* umfangreiche Publikationen mit Angeboten zu Ausflügen und Tagestouren heraus. Darüber hinaus haben sich einige qualifizierte Tourenanbieter etabliert. Hier kannst du auch deinen persönlichen Fremdenführer buchen:
- *Michael Weier | Ferdinandstr. 57 | Oberhausen | Tel. 0208 6 29 49 03 | michael-weier.de*
- *Tour de Ruhr | Emscherstr. 71 | Duisburg | Tel. 0203 4 29 19 19 | tour-de-ruhr.de*
- *Simply out Tours | Dahlhauser Str. 103 | Essen | Tel. 0201 5 64 10 04 | simply-out-tours.de*

AUSKUNFT

Ruhr Tourismus GmbH | Centroallee 261 | 46047 Oberhausen | Tel. (*) 01806 18 16 20 | ruhr-tourismus.de. Hier gibt es auch die *Welcome-Card Ruhr (welcomecard.ruhr),* die viele Ermäßigungen für Sehenswürdigkeiten und Kultureinrichtungen sowie freie Fahrt im öffentlichen Nahverkehr gewährt.
Besucherzentrum Ruhr | Zeche Zollverein | Fritz-Schupp-Allee 14 | 45309 Essen | Tel. 0201 24 68 10 | route-industriekultur.ruhr
Nützliche Websites:
- *metropole.ruhr:* allgemeine Infos zum Ruhrgebiet, zu Touren und kulturellen Veranstaltungen.
- *rvr.ruhr:* Der Regionalverband fungiert als Koordinator und Projektträger für das Ruhrgebiet.
- *ruhr-guide.de:* Onlinemagazin mit einer Übersicht über Veranstaltungen und kulturelle Highlights.
- *reviersport.de:* Zum Smalltalk im Ruhrgebiet brauchst du ein paar aktuelle Fußballinfos!

CAMPING

Auskünfte über Campingplätze im Pott bekommst du unter *camping.info/de/beliebte-region/ruhrgebiet.* Auch auf Wohnmobile ist das Ruhrgebiet eingerichtet: *short.travel/ruh6.* So wartet z. B. in Duisburg ein Wohnmobilstell-

FESTE & EVENTS

RUND UMS JAHR

APRIL/MAI

Internationale Kurzfilmtage Oberhausen, *kurzfilmtage.de*

MAI/JUNI

Internationales New Jazz Festival Moers, *moers-festival.com*

Ruhrfestspiele Recklinghausen, *ruhrfestspiele.de*

Stücke (Mülheim), *stuecke.de:* Theaterfestival

Klavierfestival Ruhr (zahlreiche Orte), *klavierfestival.de:* Pianisten von Weltrang

Fest der Chöre (Dortmund): Chorfest im Rahmen des Musikfestivals Klangvokal *(klangvokal.de)*

★ **Nacht der Industriekultur** (ganzes Ruhrgebiet), *extraschicht.de:* Am letzten Junisamstag werden ehemalige Industrieanlagen, Zechen und Halden in spannenden Inszenierungen ganz neu in Szene gesetzt.

Traumzeit (Landschaftspark Duisburg-Nord), *traumzeit-festival.de:* Jazz, Weltmusik, Rock und Pop

JUNI–SEPTEMBER

Europäisches Klassikfestival Ruhr (zahlreiche Orte), *eu-klassikfestival.de*

JULI/AUGUST

Kinowochen (Landschaftspark Duisburg-Nord), *stadtwerke-sommerkino.de*

Cranger Kirmes (Herne): *cranger-kirmes.de*

Bochum-Total, *bochumtotal.de:* Outdoor-Musikfestival im Bermuda3eck

Juicy Beats Festival (Dortmund): *juicybeats.net:* saftige Rhythmen beim Festival im Westfalenpark

AUGUST/SEPTEMBER

Zeltfestival Ruhr (Kemnader See), *zeltfestivalruhr.de:* Kabarett, Musik, Shopping in Zelten (Foto)

Ruhr-Triennale (zahlreiche Orte), *ruhrtriennale.de:* Kulturfestival mit Tanz, Theater, Musik

NOVEMBER

Tage Alter Musik (Herne), *tage-alter-musik.de:* Musikfestival für Alte Musik platz direkt am schönen Toeppersee *(short.travel/ruh7)*. Vom Platz am Kaisergarten in Oberhausen *(stellplatz-kaisergarten.de)* sind es nur wenige Gehminuten in den Park, zum Schloss und zum Rhein-Herne-Kanal, in die Shoppingmeile CentrO sowie zum Gasometer. Und wer sein Wohnmobil an der Marina Rünthe in Bergkamen abstellt, erhält maritimes Flair direkt mit dazu *(wohnmobilhafen-bergkamen.de)*.

Neben Stellplätzen für Zelte und Caravans bietet *Ruhrcamping (In der Lake 76 | Tel. 0178 1563910 | ruhrcamping.com)* am Ufer der Ruhr am östlichen Stadtrand von Essen

INSIDER-TIPP
Peter Lustig lässt grüßen

Übernachtungen ganz nach „Löwenzahn"-Manier, nämlich in rustikalen Bauwagen. Direkt vor der Tür die Natur, drinnen alles, was das Camperherz begehrt, frei nach dem Motto: komfortabler als ein Zelt, unkomplizierter als ein Hotel.

KARTEN

Der Regionalverband Ruhr stellt auf seiner Website *rvr.ruhr* Karten, Broschüren und Geodaten zur Verfügung. Radwander- und Freizeitkarten sowie Prospektmaterial bekommst du bei Ruhr Tourismus *(ruhr-tourismus.de)*. Unter *tim-online.nrw* lassen sich außerdem detailgetreue Karten herunterladen.

MAGAZINE

Das *Top Magazin Ruhr (top-magazin.de)* berichtet viermal im Jahr über Themen und Events in der Region. Seit Jahrzehnten ist das Stadtmagazin *Coolibri (coolibri.de)* ein beliebtes Nachschlagewerk, wenn es um das Veranstaltungs- und Partygeschehen im Pott geht. Wer sich vor allem für

WETTER IM RUHRGEBIET

Hauptsaison
Nebensaison

	JAN.	FEB.	MÄRZ	APRIL	MAI	JUNI	JULI	AUG.	SEPT.	OKT.	NOV.	DEZ.
Tagestemperaturen	4°	5°	10°	15°	19°	22°	24°	23°	20°	15°	9°	5°
Nachttemperaturen	-1°	-1°	2°	5°	8°	11°	13°	13°	10°	6°	3°	1°
Sonnenschein Stunden/Tag	1	2	4	6	7	6	6	5	5	3	2	1
Niederschlag Tage/Monat	13	12	9	9	10	10	12	13	11	11	12	13

Sonnenschein Stunden/Tag
Niederschlag Tage/Monat

kulinarische Themen interessiert, dem sei die „... geht aus"-Reihe aus dem Überblick-Verlag *(ueberblick.de)* empfohlen.

WAS KOSTET WIE VIEL?

Fahrrad	ca. 10 Euro *für die Leihgebühr pro Tag*
Event	20 Euro *für eine Schimmi-Tour*
Pommes	um 1,80 Euro *für die kleine Portion*
Hallenbad	4 Euro *für den Eintritt*
ÖPNV	7,30 Euro *für das Tagesticket für eine Stadt*
Bier	um 2,60 Euro *für 0,3 l vom Fass*

PREISE

Mit den meisten seiner Preise liegt das Ruhrgebiet im deutschen Durchschnitt. Aber es gibt innerhalb des Reviers Unterschiede zwischen Nord und Süd: Sowohl Lebensmittel als auch Non-Food-Produkte erreichen im Süden schon mal Düsseldorfer Niveau. Die Eintrittspreise für öffentliche Einrichtungen wie Museen (5–10 Euro, außer bei Sonderausstellungen) und Schwimmbäder (4 Euro) sind in allen Städten des Ruhrgebiets ähnlich. Eine Ausnahme machen wie überall die großen Freizeitparks und Erlebnisbäder: Dort liegen die Preise zwischen 10 und 50 Euro.

ÜBERNACHTEN

Auf *ruhr-tourismus.de* findest du eine große Auswahl an Übernachtungsmöglichkeiten vom Viersternehotel über Bed-&-Breakfast-Quartiere bis zum Hostel. Auch verschiedene Pauschalen sind über die Website buchbar. Wer abseits von Hotelbetten eine besondere Unterkunft sucht, kann sich an den Bürger- und Verkehrsverein Zollverein *(bvv-zollverein.de)* wenden, der liebevoll gestaltete private Gästezimmer vermittelt, in denen man das Ruhrgebiet ganz hautnah erlebt.

NOTFÄLLE

- Polizei Nordrhein-Westfalen: *polizei.nrw/artikel/polizei-vor-ort*
- Ärztlicher Bereitschaftsdienst: *Tel. 116117*

Übersicht über Notfallpraxen: *kvno.de/patienten/notfalldienst, kvwl.de/patient/notdienste*

GRÜN & FAIR REISEN

Du willst beim Reisen deine CO_2-Bilanz im Hinterkopf behalten? Dann kannst du deine Emissionen kompensieren *(atmosfair.de; myclimate.org)*, deine Route umweltgerecht planen *(routerank.com)* oder auf Natur und Kultur *(gate-tourismus.de)* achten. Mehr über ökologischen Tourismus erfährst du hier: *oete.de* (europaweit); *germanwatch.org* (weltweit).

URLAUBS FEELING

ZUM EINSTIMMEN & AUSKLINGEN

LESESTOFF & FILMFUTTER

RADIO HEIMAT

In seinen Büchern bekennt sich der Bochumer Frank Goosen klar zu seinen Wurzeln. Radio Heimat ist eine bunte und entwaffnend ehrliche Zeitreise in das Ruhrgebiet der 1980er-Jahre. (2010)

SCHANTALL, TU MA DIE OMMA WINKEN!

Kai Twilfer vermischt in seinem Besteller Wortwitz, Slapstick und Ruhrpott-Charme. Sozialarbeiter Jochen gerät unfreiwillig an die Unterschichtfamilie Pröllmann, entwickelt aber nach und nach Sympathie für die Welt rund um Tuningautos und Sonnenbänke. (2013)

THEO GEGEN DEN REST DER WELT

Marius Müller-Westernhagen als großartiger Sprücheklopfer Theo aus Herne erobert halb Europa. (1980)

DER JUNGE MUSS MAL AN DIE FRISCHE LUFT

In diesem Film bekommst du neben Hape Kerkelings autobiografischer Kindheitsgeschichte auch den unvergleichlichen Ruhrpottcharme präsentiert. (2018)

PLAYLIST QUERBEET

0:58

HERBERT GRÖNEMEYER – KOMM ZUR RUHR
Wer sich an „Bochum" sattgehört hat, kann mit Grönis Beitrag zur Kulturhauptstadt 2010 erneut tief in den Westen eintauchen.

WOLFGANG PETRY – RUHRGEBIET
Wolles Hymne aufs Ruhrgebiet. Spätestens nach dem ersten Refrain grölt jeder mit.

JÜRGEN VON MANGER – DE KLEINE KNEIPE
Die Ruhrpott-Persiflage auf „Die kleine Kneipe".

KLAUS LAGE BAND – FAUST AUF FAUST
Titelsong des Schimanski-Kinofilms „Zahn um Zahn".

LAUSTERS REVIER – DAS STEIGERLIED
„Glück auf" wird immer noch gern zu jeder Gelegenheit gesungen.

Den Soundtrack zum Urlaub gibt's auf **Spotify** unter **MARCO POLO Ruhrgebiet**

Oder Code mit Spotify-App scannen

AB INS NETZ

RUHRBARONE
„Journalisten bloggen das Revier": Einer der ersten Blogs im Ruhrgebiet beschäftigt sich mit aktuellen Themen in der Region. *ruhrbarone.de*

POTTBLOG FÜR BOCHUM
Der Bochumer Blog greift Themen wie Politik, Kultur und Sport auf. *4630.de*

RUHRGEBIETSSPRACHE
Die Website befasst sich mit dem „schönsten Dialekt der Republik". Wörterbuch und Übersetzungsmaschine helfen, aus Arbeit die Maloche und aus Butterbrot das Bütterken zu machen. *ruhrgebietssprache.de*

SHORT.TRAVEL/RUH4
Freestyle-Stammtisch im Bochumer „Zwischenfall": Video über die lebendige Hip-Hop-Szene im Ruhrgebiet.

MEIN RUHRGEBIET
Der Reiseblog von Ruhr Tourismus versorgt dich mit Insidertipps aus dem Ruhrgebiet. Die Beiträge werden von den verschiedenen Autoren persönlich und lebensnah recherchiert. *meinruhrgebiet.blog*

TRAVEL PURSUIT

DAS MARCO POLO URLAUBSQUIZ

Weißt du, wie das Ruhrgebiet tickt? Teste hier dein Wissen über die kleinen Geheimnisse und Eigenheiten von Land und Leuten. Die Lösungen findest du in der Fußzeile. Und ganz ausführlich auf den S. 20–25.

❶ Wie entsteht aus Eisen schließlich Stahl?

a) Einblasen von Sauerstoff
b) Zufuhr von Wasserstoff
c) Abkühlen des Roheisens in Kühltürmen

❷ Was kannst du inzwischen wieder in der Emscher finden?

a) Goldfische
b) Bachflohkrebse und Köcherfliegen
c) Goldklumpen

❸ Welche Temperaturen herrschen in einem Hochofen?

a) 500–1000 Grad
b) 1700–2300 Grad
c) 3200–3800 Grad

❹ Was versteht der Ruhri unter einem Pülleken Bier?

a) Eine 0,33-Liter-Flasche, bitte
b) 0,5 l Pils (und nicht weniger)
c) Ein Kölsch, min Jung!

❺ Welche beiden Modelabels gibt es tatsächlich im Ruhrgebiet?

a) Revierschick und Zechenqueen
b) Malocherkluft und Koksklamotten
c) Grubenhelden und Stahlkind

❻ Was sind im Ruhrpott typische Landmarken?

a) Fördertürme und Halden
b) Kirchen und Schlösser
c) Windräder und Strommasten

Lösungen: 1a, 2b, 3b, 4b, 5c, 6a

Wem kannst du hier an und in der inzwischen renaturierten Emscher begegnen? Frage 2!

DUISBURG
am Rhein
DUISBURG
IST ECHT
ENTDECKENSWERT
DIE STADT VON
WASSER UND FEUER
NEU ERLEBEN
duisburg-tourismus.de
Mehr erfahren

REGISTER

LOB ODER KRITIK? WIR FREUEN UNS AUF DEINE NACHRICHT!

Trotz gründlicher Recherche schleichen sich manchmal Fehler ein. Wir hoffen, du hast Verständnis, dass der Verlag dafür keine Haftung übernehmen kann.

MARCO POLO Redaktion • MAIRDUMONT • Postfach 31 51
73751 Ostfildern • info@marcopolo.de

Impressum
Titelbild: Zeche Zollverein in Essen (Schapowalow: H.-J. Jockschat)
Fotos: DuMont Bildarchiv: M. Kirchner (115), Lueger (71); huber-images: H.-J. Jockschat (120/121); Laif: D. Asbach (12), Bungert (95), Hub (30), M. Jäger (56), M. Kirchner (8/9, 14/15, 24/25, 26/27, 49, 75, 82, 88/89, 101, 102, 138/139), G. Lengler (33), D. Schmid (37, 68), A. Teichmann (34/35); Look: B. Merz (58), H. Wohner (76/77, 110/111); mauritius images: H. Blossey (66), T. Hintze (40/41, 54); mauritius images/age fotostock: Hoffmann Photography (108); mauritius images/Alamy: Blickwinkel (2/3), J. Tack (29, 140), Urbanmyth (10), Zoonar (81, 135); mauritius images/foodcollection (28/29); mauritius images/hemis.fr: R. Mattes (6); mauritius images/imagebroker: Blossey (96), J. Tack (11), S. Ziese (72/73); picture-alliance: Eibner-Pressefoto (22); picture-alliance/Arco Images: B. Bönsch (98), R. Kiedrowski (104); picture-alliance/blickwinkel: C. Wermter (126), S. Ziese (13, 46, 60/61, 65, 92); picture-alliance/dpa: I. Fassbender (50), C. Seidel (107), B. Thissen (119); Shutterstock: F. Junge (Klappe vorne außen, Klappe vorne innen/1), M. Tarek (62); K. Sulimma (143); vario images/imagebroker: (84), A. Mechmann (116/117); Visum: T. Pflaum (Klappe hinten, 16/17, 21, 32/33, 87, 132/133)

8., aktualisierte Auflage 2023

Autorinnen: Delia Bösch, Anette Kolkau, Kirsten Sulimma; Redaktion: Nikolai Michaelis; Bildredaktion: Anja Schlatterer
Kartografie: © MAIRDUMONT, Ostfildern (S. 38–39, 122, 125, 128, 130–131, Umschlag außen, Faltkarte);
© MAIRDUMONT, Ostfildern, unter Verwendung von Kartendaten von OpenStreetMap, Lizenz CC-BY-SA 2.0 (S. 42–43, 45, 52, 78–79, 90–91, 112–113)
Als touristischer Verlag stellen wir bei den Karten nur den De-facto-Stand dar. Dieser kann von der völkerrechtlichen Lage abweichen und ist völlig wertungsfrei.
Gestaltung Cover, Umschlag und Faltkartencover: bilekjaeger_Kreativagentur mit Zukunftswerkstatt, Stuttgart
Gestaltung Innenlayout: Langenstein Communication GmbH, Ludwigsburg
Texte hintere Umschlagklappe: Lucia Rojas
Konzept Coverlines: Jutta Metzler, bessere-texte.de

Printed in Poland

FSC www.fsc.org MIX Paper | Supporting responsible forestry FSC® C018236

MARCO POLO AUTORIN
KIRSTEN SULIMMA
Kirsten Sulimma ist ein echtes Kind des Ruhrgebiets und liebt die Region und ihre Menschen mit all ihren Eigenarten. Als freie Journalistin arbeitet sie für verschiedene Gastronomiemagazine, Reiseführer und Agenturen. Die Hundefreundin lebt in Essen und ist mit ihrer Labradorhündin Lila immer unterwegs auf der Suche nach den schönsten Ecken im Pott, in Deutschland und in der Welt.

BLOSS NICHT!

FETTNÄPFCHEN UND REINFÄLLE VERMEIDEN

UNGEFRAGT RUHRPOTTSPRÜCHE BRINGEN

Wenn Comedystars wie Ludger Stratmann oder Herbert Knebel die Ruhrgebietssprache nachmachen, klingt das lustig. Wenn du allerdings als Tourist im Revier unterwegs bist, setz Sprüche wie „Mutta, hol mich vonne Zeche" oder „Hömma auf mitte Fissematenten" lieber sparsam ein.

ÜBER DIE FALSCHE MANNSCHAFT LÄSTERN

Fußball ist im Pott mehr als ein Sport. Dementsprechend emotional geht es zu, wenn die „Experten" über das letzte Spiel philosophieren. Fiese Kommentare von Auswärtigen werden gerne gehört – aber nur, wenn sie die gegnerische Mannschaft betreffen.

WATTENSCHEIDER ALS BOCHUMER BEZEICHNEN

Wattenscheid ist zwar seit der Gebietsreform ein Stadtteil von Bochum, doch diese „feindliche Übernahme" haben viele Wattenscheider bis heute nicht überwunden und grenzen sich gerne von ihrem großen Nachbarn ab. Wer sich also in Wattenscheid aufhält, sollte seine Bewohner auch so nennen.

VERRUSSTE FENSTERBÄNKE SUCHEN

„Wie schön grün es hier ist!" Das können die Ruhris nicht mehr hören. Die Zeiten von dreckig und grau sind nun wirklich lange vorbei. Reste von Kohlestaub findest du höchstens noch auf den restaurierten Zechengeländen.

DEN LÄNGSTEN PARKPLATZ NUTZEN

Die A40 heißt zwar Ruhrschnellweg, sollte sich aber morgens und abends lieber mittlere Katastrophe nennen. Die Pendlerströme sind extrem. Wenn du also die Möglichkeit hast, nimm lieber Umwege. Oder schieb den Sitz zurück, stell dein Radio an und sing mit Herbert mit: „Still ruht der Stau, (...) und wie es weiter geht, weiß hier keiner so ganz genau."